"十四五"职业教育国家规划教材

职业院校汽修专业通用教材
项目驱动、任务引领型教材

汽车维护

（微课版）

QI CHE WEI HU

上海景格科技股份有限公司 编

华东师范大学出版社
·上海·

图书在版编目(CIP)数据

汽车维护/上海景格科技股份有限公司编. —上海:华东师范大学出版社,2018
 ISBN 978-7-5675-7665-0

Ⅰ.①汽… Ⅱ.①上… Ⅲ.①汽车-车辆修理-职业教育-教材 Ⅳ.①U472

中国版本图书馆 CIP 数据核字(2018)第 157005 号

汽车维护

编　　者	上海景格科技股份有限公司
项目编辑	李　琴
审读编辑	孙　鹏
责任校对	朱　鑫
装帧设计	庄玉侠

出版发行	华东师范大学出版社
社　　址	上海市中山北路 3663 号　邮编 200062
网　　址	www.ecnupress.com.cn
电　　话	021-60821666　行政传真 021-62572105
客服电话	021-62865537　门市(邮购)电话 021-62869887
地　　址	上海市中山北路 3663 号华东师范大学校内先锋路口
网　　店	http://hdsdcbs.tmall.com
印 刷 者	常熟市文化印刷有限公司
开　　本	787毫米×1092毫米　1/16
印　　张	10.75
字　　数	228 千字
版　　次	2018 年 8 月第 1 版
印　　次	2024 年 2 月第 10 次
书　　号	ISBN 978-7-5675-7665-0/G·11082
定　　价	32.60 元
出 版 人	王　焰

(如发现本版图书有印订质量问题,请寄回本社客服中心调换或电话 021-62865537 联系)

内容简介

NEIRONGJIANJIE

  本教材根据职业教育理实一体化课程改革的指导思想,强调以实践为主、理论为辅,筛选典型的工作任务,取材最贴近生产实际的案例设计课程内容,让学生在做中掌握解决问题的方法和技能,是汽车运用与维修专业理实一体化项目课程教材。

  本教材内容主要包括:车间安全生产管理、汽车维修业务接待、新车 PDI 检查、车辆 5 000 km 维护、车辆 40 000 km 维护、其他定期维护 6 个典型项目。

  本教材主要供职业院校汽车运用与维修等专业教学使用,还可以作为汽车维修人员和汽车技术爱好者的自学用书。

前言
QIANYAN

  党的二十大报告指出"加快建设制造强国、质量强国、航天强国、交通强国、网络强国、数字中国",汽车产业是交通强国的重要组成部分,近几年汽车销售量不断提升,2022年我国汽车保有量达到3.02亿辆。按照一般数据统计,汽车保有量与后市场维修服务技术人员比例约为30∶1,根据我国汽车保有量的增长数据推算,至2030年前我国每年新增汽车维修类技能人才需求应在30万人以上,汽车后市场的技术技能人才需求量持续增加。职业教育承担为社会培养知识和能力兼备的技术技能型人才的重要任务,汽车技能型人才持续培养输出成为职业教育汽车相关专业建设的重要一环。本系列教材在汽车产业人才培养过程中将以市场为导向,以实践为驱动,旨在培养出高标准、高职业技能、高职业素养的优秀复合型人才。

  根据《国家中长期教育改革和发展规划纲要》的精神,为了推进职业教育课程改革和教材建设进程,我们将理实一体化课程改革理念作为职业教育课程改革的主导理念,以工作任务为课程设置与内容选择的参照点,以任务为单位组织内容并以任务活动为主要学习方式,编写汽车运用与维修专业的系列课程教材。本教材既是汽车各专业必修的核心课程教材之一,也是上述系列课程教材之一。

  本系列课程教材与项目课程教学软件的设计和编制同步进行,是任务课程教学软件的配套教材。

  本项目课程教材的主要特色有:

1. 课程强调以实践为主,理论为辅。
2. 以能力为本位,以就业为导向,面向最贴近生产实际的教学任务。
3. 体现做中学的教学理念。

4. 目的在于教会学生对汽车故障现象的判断能力，表现为：①会做；②掌握为什么这样做。

5. 以职业院校覆盖面较广的丰田卡罗拉车型教具为范例，以车间典型工作任务为教学内容，教会学生完成任务所需的知识与技能，其他车型车系可举一反三。

6. 课程设计采用文字、图像、动画，以及视频、虚拟仿真等多媒体教学形式，形成纸质教材、教学 PPT、教学资源包、虚拟仿真软件相互配套的课程包。

本课程是校企合作共同开发的课程，适应各地职业院校汽车运用与维修等专业教学，希望各校在选用本项目课程教材实施教学的过程中，及时提出意见和建议，以便我们在修订时改正和完善。

编者
2023.08

目 录

项目一 车间安全生产管理 …………………………………………… 1
    项目导入 ………………………………………………………………… 1
    学习目标 ………………………………………………………………… 2
    学习任务 ………………………………………………………………… 2
        学习任务 1　车间 7S 管理认知 …………………………………… 3
        学习任务 2　员工安全生产认知 …………………………………… 10
        学习任务 3　机修常用工具及安全操作 …………………………… 20

项目二 汽车维修业务接待 …………………………………………… 37
    项目导入 ………………………………………………………………… 37
    学习目标 ………………………………………………………………… 38
    学习任务 ………………………………………………………………… 38
        学习任务　汽车维修业务接待 ……………………………………… 39
    学习拓展 ………………………………………………………………… 50

项目三 新车 PDI 检查 ………………………………………………… 53
    项目导入 ………………………………………………………………… 53
    学习目标 ………………………………………………………………… 54
    学习任务 ………………………………………………………………… 54
        学习任务　新车 PDI 检查 …………………………………………… 55

项目四 车辆 5 000 km 维护 …………………………………………… 69
    项目导入 ………………………………………………………………… 69
    学习目标 ………………………………………………………………… 70
    学习任务 ………………………………………………………………… 70
        学习任务 1　车辆首保检查及维护项目 …………………………… 71
        学习任务 2　发动机机油及机滤的更换 …………………………… 77

项目五 车辆 40 000 km 维护 ………………………………………… 85
    项目导入 ………………………………………………………………… 85

学习目标 …………………………………………………………… 86
　　学习任务 …………………………………………………………… 86
　　　学习任务1　车辆的常规检查及维护项目 ……………………… 87
　　　学习任务2　发动机冷却液的更换 ……………………………… 99
　　　学习任务3　自动变速器油(ATF)的更换 …………………… 107
　　　学习任务4　整车制动液的更换 ……………………………… 116

项目六　其他定期维护 …………………………………………… 125

　　项目导入 ………………………………………………………… 125
　　学习目标 ………………………………………………………… 126
　　学习任务 ………………………………………………………… 126
　　　学习任务1　空调滤芯/空气滤芯的更换 …………………… 127
　　　学习任务2　火花塞的更换 …………………………………… 136
　　　学习任务3　燃油滤清器的更换 ……………………………… 147
　　　学习任务4　制动片的检查及更换 …………………………… 153

项目一 车间安全生产管理

项目导入

随着我国经济和社会的发展,企业对实行现代化管理日益重视,特别是在汽车维护行业中,实行7S管理已经成为当今汽车维修企业进行现代化管理的一种趋势。7S管理不仅能够改善生产环境,还能提高生产效率、产品品质、服务水准、员工士气等,是减少浪费、提高生产力的基本要求,也是其他管理活动有效开展的基础。

本项目主要通过介绍7S车间管理的基本知识和要求、员工安全生产知识以及机修常用工具及安全操作说明,让学生了解并认识7S汽车维护的重要意义。

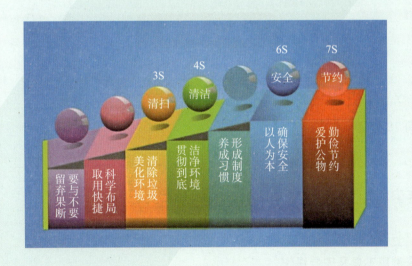

学习目标

素养目标
- 了解安全操作要求,养成安全文明操作的习惯。
- 养成组员之间互相协作的习惯。
- 实施操作结束后,清洁工具,并将工具设备归位,清洁场地。

技能目标
- 能够规范安全使用操作机修常用工具。

知识目标
- 掌握汽车维护企业中推行7S管理的目的、作用及7S现场管理的具体内容。
- 熟记员工车间安全生产规范及其重要性。

学习任务

学习任务1
◇ 车间7S管理认知

学习任务2
◇ 员工安全生产认知

学习任务3
◇ 机修常用工具及安全操作

学习任务 1　车间 7S 管理认知

任务目标
◎ 掌握车间 7S 管理的基本知识与要求。
◎ 了解并掌握汽车维护中推行 7S 管理的目的和作用。
◎ 在实操任务学习中,能执行 7S 标准操作规范,并养成高标准的职业素养。

学习重点
◎ 车间 7S 管理的基本知识与要求。

 知识准备

企业内员工的理想,莫过于有良好的工作环境、和谐融洽的管理气氛。7S 管理即致力于造就安全、舒适、明亮的工作环境,提升员工真、善、美的品质,从而塑造企业良好的形象,实现共同的梦想。

7S 是指在生产现场中对人员、机器、材料、方法等生产要素进行有效的管理。7S 管理内容有整理(SEIRI)、整顿(SEITON)、清扫(SEISO)、清洁(SEIKETSU)、素养(SHITSUKE)、安全(SAFETY)六个方面(图 1-1),通过规范现场、现物,营造一目了然的工作环境,培养员工良好的工作习惯,提升个人品质。

7S 是保证车间环境整洁,实现轻松、快捷和安全工作的关键点。那么,在车间生产过程中,如何确保并提高汽车维护的质量? 可以从以下 6 个方面进行提升。

车间安全标示认识

整理

整顿

清扫

图 1-1　7S管理内容

图 1-2　7S管理——整理

图 1-3　7S管理——整顿

1. 整理(SEIRI)

（1）含义：先将工作场所所有东西区分为有必要的与不必要的。然后，把必要的东西与不必要的东西明确地、严格地区分开来。最后，将不必要的东西尽快处理掉，如图1-2所示。

（2）实施要领：

① 对工作场所（范围）全面检查；

② 制定"要"和"不要"的判别规则，将不要的物品清除出工作场所；

③ 调查物品的使用频率，决定日常用量及放置位置。

（3）功效：通过整理可以改善和增加作业面积，减少磕碰的机会，有利于消除管理上的混放、混料等差错事故，减少库存，节约资金。整洁明朗的生产环境既能让顾客乐于下订单，也会使员工期望并乐意身在其中工作。

2. 整顿(SEITON)

（1）含义：整顿是整理的更进一步，对整理之后留在现场的必需品分门别类后放置在指定的位置，排列整齐，以便能快速地取得所要之物，并明确物品数量，进行有效标识，如图1-3所示。

（2）实施要领：

① 明确物品摆放位置；

② 摆放整齐、有条不紊；

③ 地板划线定位；

④ 场所、物品标示清晰。

（3）功效：整顿能创造一目了然的工作现场格局，出现异常情况能马上发现并及时处理，降低寻找物件的时间，减少浪费和非必需的作业，提高工作效率。

3. 清扫(SEISO)

（1）含义：将工作场所清扫干净，保持工作场所干净、亮丽，如图1-4所示。

（2）实施要领：

① 建立清扫责任区(室内、外)；

② 执行例行扫除，清理脏污；

③ 调查污染源，并予以杜绝或隔离；

④ 建立清扫基准，作为规范。

（3）功效：保持生产环境的明亮、清洁；遵守堆积限制，危险处一目了然；走道明确，不会造成杂乱情形而影响工作的顺畅。

图1-4　7S管理——清扫

4. 清洁(SEIKETSU)

（1）含义：将上面的整理、整顿、清扫三项内容实施的做法制度化、规范化，如图1-5所示。

（2）实施要领：

① 落实前面提到的整理、整顿、清扫三项工作；

② 制订目视管理的基准；

③ 制订考评方法；

④ 制订奖惩制度，并加强执行力度。

（3）功效：标准化的推动者——"3定"、"3要素"原则规范作业现场，工作人员都按照规定执行任务，程序稳定，带来品质稳定和成本稳定。

图1-5　7S管理——清洁

5. 素养(SHITSUKE)

（1）含义：通过员工培训等形式，提高员工文明礼貌等素质，增强员工团队精神和意识，培养员工按规定行事的良好工作习惯，如图1-6所示。

（2）实施要领：

① 制订公司相关规则、规定等制度；

② 制订文明礼仪守则；

③ 培训与训练，尤其是新进人员强化7S教育、实践；

④ 宣传并推动企业精神，提升活动，如晨会、例行打

图1-6　7S管理——素养

图 1-7　7S 管理——安全

招呼、礼貌用语等；

⑤ 制定各种激励机制，引导员工遵守规章制度。

（3）功效：创设令人满意的工作场所和氛围，使员工有成就感。

6. 安全（SAFETY）

（1）含义：安全就是要维护人身与财产不受侵害，建设零故障、零意外事故的工作场所，如图 1-7 所示。

（2）实施要领：

① 建立健全各项安全管理制度；

② 加强员工的安全培训教育；

③ 做好各类安全标志；

④ 定期巡视现场，消除安全隐患。

（3）功效：对安全有保障——建立以安全生产责任制为核心的工作制度，目的是保障员工的人身安全，保证生产安全有序地进行，同时减少因安全事故而带来的经济损失。

7. 节约（SAVE）

图 1-8　7S 管理——节约

（1）含义：节约就是对时间、空间、能源等方面合理利用以发挥它们的最大效能，从而创造一个高效率的、物尽其用的工作场所。如图 1-8 所示。

（2）实施要领：

① 能用的东西尽可能利用；

② 以自己就是主人的心态对待企业的资源；

③ 丢弃前要思考其剩余的使用价值。

（3）功效：有效节约时间、空间、能源等，减少资源浪费，提高工作效率。

（一）实施方案

1. 组织方式

将学生分为四组，采用讲授法、分组讨论法、示范法、观摩法、实践法等教学方法，学习、体验和实践车间 7S 管理理念。

2. 作业准备

（1）技术要求与标准：

① 认真学习 7S 管理理念，熟练掌握 7S 管理操作方法；

② 严格按照7S管理规范实施实训车间7S管理；
③ 以7S管理的理念和形象提高企业品质服务和形象。
（2）设备器材：理实一体化教室、安全标识。
（3）场地设施：理实一体化教室。
（4）设施设备：相关设施设备；多媒体设备。
（5）耗材：若干卡片纸。

（二）操作步骤

车间7S管理是保证车间环境整洁，实现轻松、快捷和安全工作的有效方法。为了规范实训车间现场、现物，营造一目了然、清晰有序的工作环境，车间7S管理请按照以下标准严格执行。

7S管理实训区域		7S管理标准
实训车间	车间路线	车间入口、主干道、出口地面须有合理行车路线标识
	地面状况	地面油漆状况良好，各工位划线清晰
	定置定位	各移动设备及工具车划线定位，标识清晰
	墙面看板	有设备操作规范、车间管理制度等；看板规格统一，版面整洁
	设备摆放	及时整理现场的工具、设备，常用的留存现场，不得有长期闲置不用的设备
	工具车清洁	没有维修任务时，工作台、工具车、工作小车顶部不准有旧件；工具必须回收；工具车内部摆放整齐
	教室整洁	教室茶杯须有序放置，无报纸、衣服等其他杂物；桌椅、地面必须保持清洁，无杂物垃圾存放
	三不落地	车间内严格执行三不落地（油水、工具、零件不落地）
	护具使用	四件套、翼子板护罩等必须严格按照规范使用
	安全设施	消防设施摆放整齐，可正常使用，各区域防火防爆措施落实到位
一体化教室	宣传指示	指示牌须保持清洁无破损；横幅、喷绘等悬挂整齐，内容时常更新，不过期
	车辆停放	保安协助车辆有序停放，杜绝乱停或占道现象
	引导路线	引导标识和车辆动线必须清晰可见，停车线规划须合理
	停车区域	接待区、竣工区、销售停车区标识必须清楚，车位数量须满足需求
	地面卫生	地面必须即时清扫，保持无烟头、无废纸等杂物的整洁环境
	旧件库	设有旧件库；旧件摆放整齐；无利用价值旧件定期清理
	总成间	货架数量充足，零件分类摆放，地面干净，无积水和油污
学校学员	学员形象	学员着装规范，服装干净整洁
	学员素养	精神面貌良好，工作积极，服务礼仪到位

任务小结

1. 车间 7S 管理

7S 管理内容有整理、整顿、清扫、清洁、素养、安全和节约七个方面。

（1）整理是先将工作场所任何东西区分为有必要的与不必要的,然后将不必要的东西尽快处理掉。

（2）整顿是整理的更进一步,对整理之后留在现场的必需品分门别类后放置在指定的位置,排列整齐,以便能快速地取得所要之物,并明确物品数量,进行有效标识。

（3）清扫是将工作场所清扫干净,保持工作场所干净、亮丽。

（4）清洁是将上面的整理、整顿、清扫三项内容实施的做法制度化、规范化。

（5）素养是通过员工培训等形式,提高员工文明礼貌素质,增强员工团队精神和意识,培养员工按规定行事的良好工作习惯。

（6）安全是要维护人身与财产不受侵害,建设零故障、零意外事故的工作场所。

（7）节约就是对时间、空间、能源等方面合理利用,以发挥它们的最大效能,从而创造一个高效率的、物尽其用的工作场所。

2. 制定汽车维护实训车间 7S 管理标准

各个区域必须严格按照 7S 管理标准执行工作。

任务评价

（一）课堂练习

1. 判断题

（1）实施车间 7S 管理,是为了对生产车间中的人员、机器、材料、方法等要素进行有效的管理。（　　）

（2）在对汽车维护车间进行整理时,要对车间看得见的地方进行有效而全面的检查。（　　）

（3）通过早会、征文比赛和 7S 管理知识竞赛等形式既能提升员工的素养,也能提高汽车维护的品质。（　　）

2. 选择题

（1）在汽车 7S 整理过程中,根据_____确定物品的放置位置。（　　）

　　A. 物品大小　　　B. 物品重量　　　C. 物品使用率　　　D. 物品形状

（2）通过以下哪种活动可以提高员工的素养。（　　）

　　A. 早会　　　　　　　　　　　B. 征文比赛

　　C. 7S 管理知识竞赛　　　　　　D. 以上三种都可以

（二）技能评价

表1-1 技能评价表

序号	内　　容	分值	得分
1	按车间7S管理标准，严格执行实训车间管理	20	
2	按车间7S管理标准，严格执行外围区域管理	20	
3	按车间7S管理标准，严格执行洗车区域管理	20	
4	按车间7S管理标准，严格执行其他区域管理	20	
5	按车间7S管理标准，严格执行车间人员管理	20	
总分		100	

（注：操作规范即得分，操作错误或未进行操作即0分）

学习任务 2　员工安全生产认知

任务目标

任务目标
◎ 熟知车间安全生产须知的各方面内容。
◎ 在车间生产过程中，重视人员安全与维护。
◎ 在车间生产过程中，明确并严格遵守安全生产准则。

学习重点
◎ 车间工作人员安全知识。

知识准备

1. 维护车间作业须知

（1）严格遵守安全作业规范，防止意外事故的出现。
（2）防止事故伤害到员工自身安全。

2. 维护车间车辆移动的安全

（1）小心驾驶。在车间内，慢速驾驶并始终保持有一个车窗是开着的，让驾驶人更容易听到同事发出的警示。车辆在车间内移动时要在车间内规定的路线行驶。

（2）注意观察。在车间移动车辆时，应查看各个方向，确保没有人或物品挡住道路。并要特别注意正在车底作业的人员是否把他们的腿伸到行驶路线上。

（3）车辆安全停靠。在对车辆进行作业时，应拉起驻车制动杆。如果车辆为自动变速器，则应置于驻车挡。如果车辆为手动变速器，则挂入空挡，最好用楔形木块塞住轮胎，防止车辆移动。

（4）避免接触旋转中的部件。车辆修理中，不要穿宽松的衣服、衣物，身体远离运动部件，特别是散热器风扇叶片和传动带。传动带很容易将手指、头发绞入传动轮，造成手指折断或更严重的伤害。

（5）点火钥匙转到关闭位置。如果钥匙位于打开位置而变速器又挂着挡，在转动发动机曲轴时，发动机可能会起动。

车辆消防安全认识

3. 电气设备安全措施

不正确地使用电气设备可能导致短路和火灾。因此，要学会正确使用电气设备并认真遵守以下防护措施：

（1）如果发现电气设备有任何异常，立即关掉开关，并联系管理员/领班，如图1-8所示。

（2）如果电路中发生短路或者意外火灾，在进行灭火步骤之前首先关掉开关。

（3）向管理员/领班报告不正确的布线和电气设备安装。

图1-8　正确使用电气设备

（4）有任何熔丝熔断都要向管理员/领班汇报，因为熔丝熔断说明有某种电气故障。

如果你遇到右侧给出的险情报告时，必须采取如下措施：

（1）首先将情况汇报给管理员/领班。

（2）记录事情发生的经过。

（3）让每个人慎重对待这个问题。

（4）让每个人考虑应当采取的对策。

（5）记录以上的一切并将清单放置在每个人都能够看得到的地方。

险情报告事例

1. 脱开或将要脱开
2. 撞上或者将要撞上
3. 夹住或者将要夹住
4. 卡住或者将要卡住
5. 跌倒或者将要跌倒
6. 提升工具断裂或者将要断裂
7. 爆炸或将要爆炸
8. 被电击或将要被电击
9. 起火或将要起火
10. 其他

4. 消防安全措施

汽车维护车间中有各种易燃物品，在操作中也经常会产生明火，有可能会造成火灾。在车间汽车维护操作时应该注意以下防火事项，如图1-9和图1-10所示：

图1-9　车间内禁止吸烟

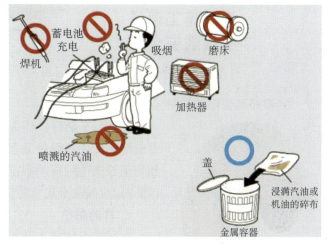

图1-10　车间防火事项

(1) 汽车维护车间内禁止吸烟。

(2) 在车间内不要随身携带火柴和打火机。

(3) 易燃材料应远离热源。

(4) 不要在油漆、稀释剂或其他可燃液体或材料周围进行焊接和切割；不要在蓄电池周围进行焊接或研磨。

(5) 燃油箱应当排空后拆下。

(6) 在车辆内饰旁边进行焊接和切割时，应拆卸座椅或地板垫，或用一块浸水的布或焊接毯盖上，最好在旁边备一桶水或一个灭火器。

(7) 工作中不要让车辆上的导线短路。过大的电流会使导线过热、熔化并燃烧，造成电气火灾。为防止电气火灾，在进行电气作业或在车身作业时，一定要断开蓄电池。

(8) 一旦不慎发生了火灾，千万不要慌张，要谨慎处理，及时拨打火警电话，人要贴近地面，避免吸入烟气。

5. 车间工作人员安全

◎ 头部的防护

车身维护人员在进行车辆维护操作时要佩戴上安全帽(图1-11)，防止灰尘或油污的污染，保持头发的清洁。在车下作业或者进行拉伸校正操作时要戴硬质安全帽，防止碰伤头部。头发不要过长，工作时要把头发放入安全帽内。

图1-11 头戴安全帽

图1-12 焊接时佩戴防护面罩

◎ 眼睛和面部的防护

在进行车辆维护作业时，要佩戴防护眼镜、风镜、面罩、头盔等眼睛和面部的保护装置。防护眼镜能在进行锤击、钻孔、磨削和切削等操作时保护眼部。在进行可能会造成严重面部伤害的作业时，应佩戴全尺寸防护面罩，如图1-12所示。

图1-13 耳罩

◎ 耳的防护

在高噪声场所工作时，需要佩戴耳塞或耳罩等耳朵保护装置，如图1-13所示。使用气动錾、气动锯等切割工具，钣金件击打、打磨等操作产生的高噪声都会对耳朵产生伤害。在进行焊接时,耳塞或耳罩还可以避免熔化的金属进入内耳。

◎ 身体的防护

在车间内应穿着合格的连体工作服(图1-14),不能穿着宽松的衣服、未系袖扣的衬衫、松垂的领带以及披着的衬衫。

衣物应远离发动机等运动部件,宽松、下垂的衣服都可能被绞入运动部件,造成严重的身体伤害。在工作前应摘除佩戴的饰物。

在焊接时,裤长要能盖住鞋头,防止炽热的火花或熔化的金属进入鞋子。下身通常可穿上皮质的裤子、绑腿、护脚来防止熔化的金属烧穿衣物,上身的保护包括焊工夹克或皮围裙。

如果化学物品如清洁溶剂、还原剂、稀释剂、油漆清除剂等溅到衣服上,应立即脱掉衣物。这些化学物品一旦接触皮肤,可能会造成疼痛、发炎、皮疹或者严重的化学烧伤。

图1-14 焊接工作服

◎ 手的防护

在焊接时应戴上皮质的手套,防止被融化的金属烧伤,如图1-15所示。

◎ 腿、脚的防护

在车间工作时最好穿鞋头有金属片、防滑的安全鞋。金属片可以保护脚趾不会被重物砸伤,优质的工作鞋穿着舒服并能够在站立和行走时支撑足弓。在焊接时最好穿绝缘鞋,防止触电事故的发生。在腿部和脚部最好有焊接护腿和护脚保护。在操作时有时可能会跪在地上操作,时间长了会引起膝盖损伤,最好佩戴护膝。

图1-15 焊接皮手套

任务实施

(一)实施方案

1. 质量要求

参照厂家的质量标准要求。

2. 组织方式

每四位同学一组,采用讲授法、分组讨论法、示范法、观摩法、实践法等教学方法,让学生按照企业岗位操作规范进行作业。每组作业时间为___20___min。

3. 作业准备

（1）技术要求与标准：

① 举升机操作前需清洁举升机和实训工位地面；

② 举升机操作前需确保电动机开关转动；

③ 达到目标高度后，需压下举升机手动卸荷阀手柄，将提升臂锁止。

（2）设备器材（图1-16和图1-17）。

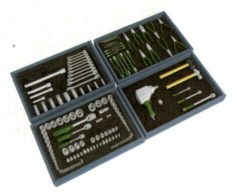

图1-16 常用工具（一套）

图1-17 剪式举升机

（3）场地设施：带消防设施的场地。

（4）设备设施：通用汽车、举升机、防护三件套。

（5）耗材：干净抹布。

（二）操作步骤

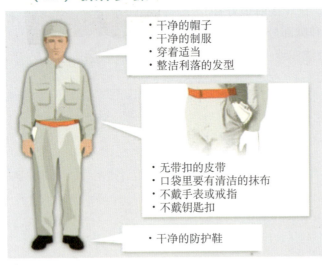

图1-18 职业化形象

1. 职业化的形象

（1）穿干净的制服。

（2）正确穿戴安全帽。

（3）穿防护鞋，如图1-18所示。

2. 爱护车辆

（1）要使用座垫布、翼子板布、前罩、转向盘罩和地板布，如图1-19所示。

（2）小心驾驶客户车辆。

（3）在客户车内不抽烟。

（4）切勿使用客户音响设备或车内电话。

（5）拿走维护中留在车上的垃圾和零件箱：

① 地板垫；

② 座椅罩；

③ 翼子板布；

④ 前罩；

⑤ 转向盘罩；

⑥ 车轮挡块。

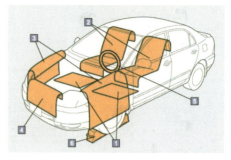

图1-19　爱护车辆

3. 整洁有序

（1）保持车间（地面、工具台、工作台、仪表、测试仪等）的整洁有序。须做到：

① 拿开不必要的物件；

② 保持零部件和材料的整齐有序；

③ 打扫、清洁和擦净。

（2）汽车停正后，方可维修，如图1-20所示。

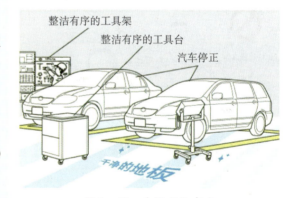

图1-20　车间整洁有序

4. 安全生产

（1）正确地使用工具和其他设备（汽车举升机、千斤顶、研磨机等）。

（2）小心着火，工作时切勿抽烟。

（3）切勿搬运太重的物件，如图1-21所示。

图1-21　车间安全生产

图1-22 计划和准备

图1-23 快速、可靠地工作

图1-24 按时完工

5. 计划和准备

(1) 确认"主要项目"(客户进行维修的主要原因)。

(2) 确认你了解客户的要求及服务顾问的指示。若出现返工,要特别注意沟通。

(3) 如果除了规定的工作外还有其他工作,请报告给服务顾问,只有在得到客户的同意后方可进行。

(4) 为你的工作做好计划(工作程序和准备)。

(5) 确认库存有所需零部件。

(6) 根据维修单工作,避免出错,如图1-22所示。

6. 快速、可靠地工作

(1) 使用正确的SST(专用维修工具)和测试仪。

(2) 根据维修手册、电路图和诊断手册进行工作,以避免主观猜测。

(3) 了解最新技术信息,如技术服务简报上的内容。

(4) 如果你有事情不清楚,请询问服务顾问或者管理人员/领班。

(5) 如果你发现车辆还有不包括在维修条款内的其他地方需要维修,请向服务顾问或者管理人员/领班汇报。

(6) 尽可能运用所学技能,如图1-23所示。

7. 按时完工

(1) 如果你能按时完成该工作,请再检查一下。

(2) 如果你认为你将推后(或者提前)完成任务,或者需要做其他工作,请通知服务顾问或者管理人员/领班,如图1-24所示。

8. 工作完成后要检查

(1) 确认主要项目已完成。

(2) 确认已完成所有其他需要做的工作。

(3) 确认车辆至少和你刚接手时是同样清洁的。

(4) 将驾驶座、转向盘和后视镜调整到最初位置。

(5) 如果钟表、收音机等的存储被删除，请重新设置，如图1-25所示。

图1-25 完工检查

9. 保存旧零件

(1) 将旧的零件放在塑料袋或者空零件袋中。

(2) 将旧零件放在预定的地方（例如，在前乘客座椅前面的地板上），如图1-26所示。

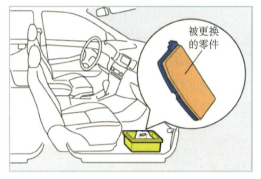

图1-26 保存旧零件

10. 后继工作

(1) 完成维修单和维修报告（例如，写下故障原因、更换的零件、更换原因、劳动时长等）。

(2) 未列在维修单上的任何其他信息，必须通知管理人员/领班或者服务顾问。

(3) 在工作中所注意到的任何异常情况请告知服务顾问或者管理人员/领班，如图1-27所示。

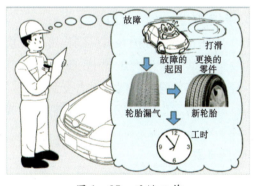

图1-27 后继工作

任务小结

1. 维护车间作业须知

车间作业必须安全第一，而且要维护员工自身安全，同时也要明确事故发生的因素。

2. 维护车间驾驶车辆的安全

(1) 小心驾驶。

(2) 注意观察。

(3) 车辆安全停靠。
(4) 避免接触旋转中的部件。
(5) 点火钥匙转到关闭位置。
(6) 紧固件要重新适当地安装。
(7) 拔掉进油管上的泄压阀,防止管路中的燃油泄漏。
(8) 手指远离处于拉伸状态时的弹簧,防止被弹簧夹伤或割破。

3. 电气设备安全措施

要学会正确使用电气设备并认真做好防护工作,充分认识危险行为,并学会险情报告。

4. 消防安全措施

汽车维护车间中有各种易燃物品,在操作中也经常会产生明火,有可能会造成火灾。在进行汽车维护操作时应注意防火。

5. 车间工作人员安全

车间工作人员安全主要指头部的防护、眼睛和面部的防护、耳的防护、手的防护、身体的防护和腿、脚的防护等。

（一）课堂练习

1. 判断题

（1）为防止车辆维护人员受到伤害或烧伤,无论何时都不要裸露皮肤。（   ）
（2）在车间安全生产过程中,必须在指定区域内报废汽油或机油。（   ）
（3）如果在危险的情况下没有受到伤害,就不必向上级汇报。（   ）
（4）事故的发生,是因工作间未维护好,或者工作者粗心。（   ）

2. 选择题

（1）使用下面所列的哪种工具时,必须不戴手套操作：（   ）

A. 扳手	B. 扭力扳手

续 表

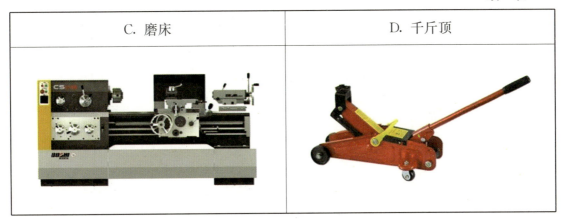

C. 磨床	D. 千斤顶

（二）技能评价

表1-2 技能评价表

序号	内　容	分值	得分
1	能正确树立自身职业化的形象	10	
2	规范完成爱护车辆的相关操作	20	
3	能够保持车间整洁有序	10	
4	能规范使用工具和其他设备	20	
5	能正确选用SST和测试仪	20	
6	能按时完成维修单和维护报告	20	
总分		100	

（注：操作规范即得分，操作错误或未进行操作即0分）

学习任务 3　机修常用工具及安全操作

任务目标

任务目标
◎ 描述汽车维修过程中常用拆装工具的名称和规格。
◎ 熟练掌握手动工具与动力工具的安全操作方法。
◎ 熟练掌握移动式千斤顶和支撑架的安全操作。
◎ 按照安全规范操作要求，在规定时间内能熟练操作举升机。

学习重点
◎ 各类工具的用途及其安全操作方法。

知识准备

汽车维修工具一般分为通用和专用两大类。通用工具指的是可普遍使用于各行各业同类作业的工具；专用工具是指为某一专项作业特别设计的工具，如汽车火花塞上的套筒，只能用于火花塞拆装。

1. 汽车维修常用工具

汽车维修作业中常用的工具有：扳手、钳子、螺钉旋具、锤子、游标卡尺、千分尺、量缸表等。

◎ **扳手类工具**

扳手用以紧固或拆卸带有棱边的螺母和螺栓，常用的扳手有呆扳手、梅花扳手、套筒扳手、扭力扳手、活扳手等。

（1）呆扳手（图1-28）。呆扳手用于紧固或拆卸一般规格的螺母和螺栓，这种扳手可以直接插入或套入，使用较方便。但是不宜在较小的空间使用，并且不可用于拧紧力矩较大的螺栓或螺母，使用时易滑脱。

图1-28　呆扳手

（2）梅花扳手（图1-29）。梅花扳手由于完全包住了螺栓或螺母的顶部，比普通扳手易于使用。同时它的手柄比普通的手柄长，可以获得更大的力矩。这种扳手扳转力大，工作可靠，不易滑脱，携带方便，适用于触转空间狭小

图1-29　梅花扳手

的场合。

(3) 套筒扳手(图1-30)。套筒扳手是拆卸螺栓最方便、灵活且安全的工具。使用套筒扳手不易损坏螺母的棱角。特别适用于旋转部位很狭小或隐蔽较深处的六角螺母或螺栓。

(4) 扭力扳手(图1-31)。扭力扳手主要用于有规定力矩值的螺栓和螺母的装配,如气缸盖、连杆、曲轴主轴承等处的螺栓。

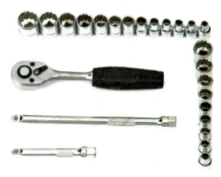

图1-30 套筒扳手

图1-31 扭力扳手

图1-32 活扳手

(5) 活扳手(图1-32)。活扳手根据螺栓或螺母的尺寸,通过转动调整螺钉来移动可调爪,活扳手的开口宽度可变宽或收窄。

◎ **钳子类工具**

钳子类工具可分为通用钳子和专用钳子两种类型。通用钳子用于夹持、弯曲、扭转和切断物体或其他用途,而专用钳子用于安装、拆卸活塞环或卡环。

(1) 组合钳(图1-33)。组合钳又称鱼口钳。鱼口钳开口有大小两种调节方式。它适用于各种工作。钳爪底部可以切断电线一类的物体。但不要使用钳子松开或拧紧螺栓、螺母,否则可能将螺栓或螺母的边咬掉。

图1-33 组合钳

图1-34 尖嘴钳

(2) 尖嘴钳(图1-34)。尖嘴钳端部细长,它用于组合钳无法使用的狭窄地方或在孔中夹持销子之类的物体。尖嘴钳的头部夹口用来夹持细小零件,但夹紧的力不能过大,否则会使夹口变成喇叭形。尖嘴钳后部的刀口是用来切断电线或剥开电线的表皮。

(3) 偏口钳(图1-35)。偏口钳用于切断电线、剥除电线的绝缘层和剥除开口销之类的物体。不要用偏口钳切断硬物体,以免损伤钳口。

图1-35 偏口钳

(4) 克丝钳(图1-36)。克丝钳又称老虎钳,用途广泛,可切断电线、夹持物体或弯曲工件。

图1-36　克丝钳　　　　　　　　图1-37　大力钳

(5) 大力钳(图1-37)。大力钳又称管钳子,用于夹紧力矩较大的地方。大力钳能够轻松拆卸损坏的螺栓或卡住的螺母。

(6) 卡簧钳。卡簧钳用于拆卸或安装卡簧,主要有轴用(图1-38)、穴用(图1-39)两类。

图1-38　轴用卡簧钳　　　　　　图1-39　穴用卡簧钳

◎ 螺钉旋具类工具

螺钉旋具又称螺丝刀。使用时是利用旋转压力紧固或拆卸带有槽口的螺钉。常用的螺钉旋具分为一字槽和十字槽两种。一字槽螺钉旋具(图1-40)是紧固或拆卸一字槽螺钉的,而十字槽螺钉旋具(图1-41)是紧固或拆卸十字槽螺钉的。

图1-40　一字槽螺钉旋具　　　　图1-41　十字槽螺钉旋具

◎ 锤子

锤子又称榔头(图1-42),由锤头和木柄组成。通过敲击,拆卸和安装零件。

图1-42　锤子

◎ 常用量具

(1) 游标卡尺。游标卡尺是一种测量长度、内外径、深度的量具。游标卡尺由主尺和附在主尺上能滑动的游标两部分构成。游标卡尺的主尺和游标上有两副活动量爪，分别是内测量爪和外测量爪，内测量爪通常用来测量内径，外测量爪通常用来测量长度和外径，如图1-43所示。

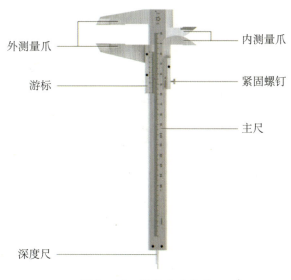

图1-43 游标卡尺结构

(2) 千分尺(micrometer)。它是比游标卡尺更精密的测量长度的工具，用它测量长度可以准确到0.01 mm。千分尺的读数机构由固定套筒和活动套筒组成。固定套筒在轴线方向上刻有一条中线，中线的上、下各刻一排刻线，刻线每一格间距均为1 mm，上、下刻线相互错开0.5 mm；在活动套筒左端圆周上有50等分的刻度线。因测量螺杆的螺距为0.5 mm，即螺杆每转一周，轴向移动0.5 mm，故活动套筒上每一小格的读数值为$0.5 \div 50 = 0.01$ mm，如图1-44所示。

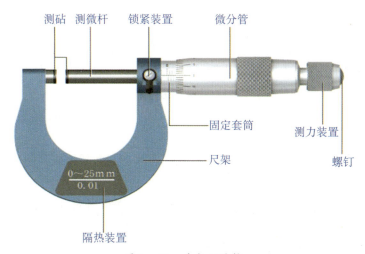

图1-44 千分尺结构

（3）量缸表。量缸表也叫内径百分表，是利用百分表制成的测量仪器，也是用于测量孔径的比较性测量工具。在汽车维修中，量缸表通常用于测量气缸的磨损量及内径。量缸表主要包括百分表、表杆、替换杆件和替换杆件紧固螺钉等，如图1-45所示。

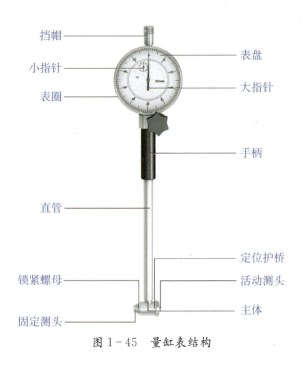

图1-45 量缸表结构

2. 机修常用工具的安全操作

在汽车维护时会用到大量的手动、电动、气动工具和校正设备，在使用每一件工具前要充分了解使用方法、安全提示及操作规程，避免产生危险。

◎ **手动工具的安全操作**

（1）请勿将手动工具作任何非设计规定的用途，如不要把锉或螺钉旋具当成敲击工具，否则可能会断裂甚至造成人身伤害。

（2）手动工具应保持清洁和良好的工作状况。工具沾满润滑脂、机油后容易从手中滑脱，可能造成关节挫伤或手指折断。工具使用完毕和收拾前应将其擦拭干净。

（3）扳手操作时用拉而不是推的动作。如果是推，万一手从紧固件上意外滑脱，就容易被撞伤。如果不得不采用推的动作时，应伸开五指，用手掌推动。

（4）不要同时打开多个工具柜抽屉。盛满工具的工具柜非常重，容易造成工具柜倾翻。在打开下一个抽屉前要关闭前一个抽屉。

（5）手动工具在使用前应检查是否存在裂纹、碎片、毛刺、断齿或其他情况。如果工具存在问题，要修理或更换后再使用。

（6）在使用锋利或带尖的工具时应特别当心，例如凿子和冲子应正确研磨，保证锋利。凿子的刃应该锋利而且是方正的，长时间使用后，凿子和冲子的头部会变形或变大，可使用砂轮机消除工具头部的变形部位，重新修整倒角。

(7) 在进行任何操作时不要把螺钉旋具、冲子或其他尖锐的手动工具放到口袋里,以免刺伤自己或损坏车辆。

(8) 将所有的零件和工具整齐、正确地存放在指定位置,保证其他工作人员不会被绊倒,同时还能缩短寻找零件或工具的时间。

(9) 不要把车底躺板放到地面上,不用时应将其竖起,防止有人踩在车底躺板上摔倒受伤。

◎ **动力工具和设备的安全操作**

(1) 在使用动力工具前要安装好动力工具的护具。在对工具进行修理和维护前,先将工具的空气软管或电源线断开。

(2) 使用动力工具时不要超出其额定功率。如砂轮通常有每分钟的最大转速(r/min),操作时应确保未超出极限转速,否则可能会炸开。砂轮碎块或钢丝被甩开容易造成人员、物品的损伤。

(3) 当用工具进行研磨修整时,应慢慢研磨,避免工具表面的硬化金属过热。如果研磨金属呈现蓝色时,会产生过多的热量使得工具表面硬化层从金属上脱落,并软化工具的金属部分。

(4) 在用动力设备对小零件进行操作时,不要一手持零件,一手持工具操作,否则零件容易滑脱,造成手部严重伤害。在进行研磨、钻孔、打磨时,一定要使用夹紧钳或台虎钳来固定小零件。

(5) 在车身修理中要经常使用液压装置,在使用液压机时,应确保施加的液压是安全的。在操作液压机时要站在侧面,一定要戴上全尺寸面罩,防止零件飞出造成伤害。

(6) 焊接用的气瓶要固定牢靠,防止倾倒产生危险。使用完毕后应关上气瓶顶部的主气阀,避免气体泄漏、流失或爆炸。

◎ **压缩空气的安全操作**

(1) 在车身修理中要使用各种气动工具,气动工具都应有压缩空气的极限警示。使用中不要超过工具设备的压力极限,否则会造成工具设备的损坏或人员、物品的损伤。

(2) 用压缩空气进行清洁工作时,压力值应保持在 0.5 MPa 以下,在清洁车门、立柱和其他难以达到的位置时,要戴上护目镜和防尘口罩。

(3) 不要用压缩空气来清洁衣物。压缩空气不能直接对着皮肤吹,即使是在较低的压力下,压缩空气也能使灰尘粒子嵌入皮肤,可能造成皮肤发炎。

◎ **汽车举升机的安全操作**

举升机是一种实用性很强的汽修设备,在现代汽车维修过程中经常使用,它大大提高了维修人员的工作效率并改善了工作条件。举升机既便于汽车下部的维修作业,又能保证维修人员作业安全。

(1) 汽车举升机种类。

汽车举升机按照形状来分,可分为柱式举升机和剪式举升机。其中柱式举升机又分为单柱式举升机、双柱式举升机以及四柱式举升机;而剪式举升机分为大剪式举升机和小剪式举升机。

汽车举升机按照功能来分,可分为四轮定位型举升机和平板式举升机。

按照占用的空间不同,汽车举升机可分为地上式举升机(无须挖槽,适用于任何修理厂)和地藏式举升机。

(2)汽车举升机特点。

① 单柱式举升机。

单柱式举升机(图1-46)主要用于汽车及工程车辆的局部举升,便于更换车轮轮胎或对车辆底盘进行各种维修作业。

单柱举升机的特点:操作简单,美观,不占用空间,能将重物方便省力地举起。它具有省时省力的效果,不用时完全放置于地面,方便汽车倒车和放置物品。它适用于室内外场地,特别是室内面积较为紧凑的场所。

图1-46 单柱式举升机

图1-47 双柱式举升机

② 双柱式举升机

双柱式汽车举升机(图1-47)广泛应用于轿车等小型车的维修和保养,一般有对称式和非对称式两种。对称式举升机四根臂的臂长大致相等,非对称式举升机的立柱向后旋转了一个角度(大约30°),并且前臂比后臂稍微短一些。

双柱式举升机的优点:将汽车举升在空中的同时可以节省大量的地面空间,方便地面作业。性能可靠,低能耗,操作方便,无横梁,结构简单。

双柱式举升机的缺点:为了最大限度地节省材料,一般都去掉了底板。由于没有底板,使得立柱的扭力需要靠地面来抵消,对地基要求很高。

③ 四柱式举升机。

四柱式举升机(图1-48)多用于大吨位汽车或货车的修理和保养。四柱式举升机按其结构又分为上油缸式(其油缸置于立柱顶部)以及下油缸式(其油缸置于平板下面)两种。

四柱式举升机的优点:结构简单、紧凑,自重降低。二次举升一般为电动液压式,和主泵连接在一

图1-48 四柱式举升机

起,只要转动转换阀即可,升降速度快。

四柱式举升机的缺点:占地面积较大。

④ 剪式举升机。

剪式举升机广泛用于大型车辆维修,分为小剪(单剪)举升机(图 1-49)、大剪(子母式)举升机(图 1-50)、超薄系列剪式举升机等几种类型。

图 1-49 小剪(单剪)举升机

图 1-50 大剪(子母式)举升机

剪式举升机的优点:结构简单,同步性好,举升速度适中且不占用车坑位置,对于一些车型相对固定、工作强度大的修理领域无疑是最好的选择。小剪举升机安全性高,操作方便;大剪举升机用处比较多,是配合四轮定位仪的最佳设备,并可用于汽车维修、轮胎和底盘的检修;超薄系列剪式举升机无须挖槽,适用于任何修理厂。

剪式举升机的缺点:小剪举升机安装需要挖坑,增加了安装的难度。

(3) 汽车举升机使用安全要求。

在现代汽车维修中使用举升机极大地提高了工作效率,但若举升机使用不当,存在一定的安全隐患,可能会造成人身伤害和车辆财产损失。因此,为了避免使用中发生各种意外,举升机的安全、规范操作显得尤为重要。汽车举升机安全使用操作要求如下:

- 使用前,应清除举升机附近妨碍作业的器具及杂物,并检查操作手柄是否正常;
- 检查操作机构是否灵敏有效,并且液压系统不允许有"爬行"现象;
- 举升车的各个支角应在同一平面上,调整支角胶垫的高度使其接触车辆底盘支撑部位;
- 支车时,车辆不可支得过高,支起后四个托架要锁紧;
- 待举升车辆驶入后,应将举升机支撑块调整移动对正该车型规定的举升点;
- 举升时人员应离开车辆,举升到需要高度时,必须插入保险锁销,并确保安全可靠才可开始车底作业;
- 除汽车维修及小修项目外,其他繁琐笨重作业,不得在举升机上操作修理;
- 举升机不得频繁起落;
- 支车时,举升要稳,降落要慢;

- 有人作业时严禁升降举升机;
- 发现操作机构不灵,电动机不同步,托架不平或液压部分漏油,应及时报修,有故障时不得操作;
- 作业完毕后,应清除杂物,打扫举升机周围场地,保持整洁;
- 定期排除举升机油缸内的积水,并检查油量,油量不足应及时加注相同牌号的压力油。同时应检查润滑、举升机传动齿轮及缝条。

◎ **移动式千斤顶和支撑架的安全操作**

(1) 修理人员在工作中,经常用移动式千斤顶抬起车辆的前部、侧部和后部。为了避免车辆损坏,千斤顶的支座放置在简易的举升点处(纵梁、夹紧焊缝、悬架臂和后桥)。如果支座位置摆放不正确,可能会使车底的部件凹陷或损坏(图1-51)。

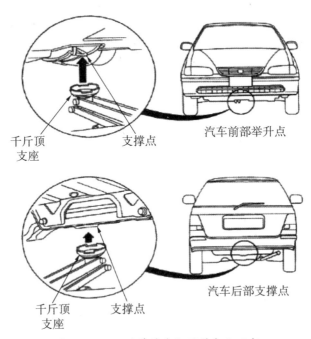

图1-51 正确举升车辆的前部和后部

(2) 顺时针转动千斤顶手柄时,关闭起升支座的液压阀,然后上下泵动手柄,缓慢升起车辆。车辆升到足够高度后,用支撑架进行支撑定位。

(3) 车辆升起后,将车辆落到支撑架上,车辆置于驻车位,然后拉紧驻车制动杆并用木块塞住车轮。在用支撑架支撑车辆时,不要摇晃车辆。

(4) 将车辆从千斤顶上放下来时,应逆时针缓慢转动手柄将车辆缓慢降下,防止车辆猛然降落,造成损伤。

(5) 在车底作业时,要用支撑架将车辆支撑住,而不能单靠液压千斤顶支撑,它们是用来升起车辆,而不是用来支撑车辆的。

项目一　车间安全生产管理　29

 任务实施

（一）实施方案

1. 质量要求

参照厂家的质量标准要求。

2. 组织方式

每四位同学一组,采用讲授法、分组讨论法、示范法、观摩法、实践法等方法对举升机安全操作的知识进行学习,让学生按照企业岗位操作规范对剪式举升机进行作业。每组作业时间为 20 min。

3. 作业准备

（1）技术要求与标准：

① 举升机操作前需清洁举升机和实训工位地面；

② 举升机操作前需确保电动机开关转动；

③ 达到目标高度后,需压下举升机手动卸荷阀手柄,将提升臂锁止。

（2）设备器材（图1-52~图1-54）。

图1-52　通用工具(一套)

图1-53　剪式举升机

图1-54　举升机垫块

（3）场地设施：带消防设施的场地。

（4）设备设施：凯越2013款1.5 L轿车一辆、举升机。

（5）耗材：干净抹布。

（二）操作步骤

举升机操作规程

1. 举升机操作前准备

（1）检查车辆停放在举升机位置。

检查车辆停放位置是否到位，如不到位，则需重新调整（如图1-55所示）。

图1-55 检查车辆停放位置是否到位

> **注意事项**
> ◇ 车辆要停放在举升机的中间位置，使车辆的重心能够刚好在举升机的中间，保证车辆平稳举升。
> ◇ 车辆两侧位置要求刚好在举升平板的中间位置，确保车辆不会倾斜。
> ◇ 车辆底部举升点必须在举升平板区域内。

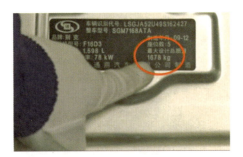

（2）检查举升机和车辆。

检查车辆重量是否不超过举升机的最大举升极限，如图1-56所示。

图1-56 检查车辆重量

> **注意事项**
> ◇ 严禁举升超过举升机载荷极限的车辆。

（3）检查车内是否有行李物品。

检查车内和行李箱处是否有行李物品，如果有行李物品则将其搬出车外，如图1-57所示。

（4）安装车轮挡块。

安装左后车轮挡块，安装右后车轮挡块。

图1-57 检查车内是否有行李物品

2. 举升机举升操作

（1）安装举升机垫块。

安装左侧两块举升机垫块，将垫块安放在车辆举升点正下方的举升平板上面；安装右侧两块举升机垫块，将垫块安放在车辆举升点正下方的举升平板上面，如图1-58所示。

图1-58　安装举升机垫块

◇ 在安装前，检查垫块是否有裂纹、损坏。
◇ 车辆的举升点在车辆底座两个凹槽处。
◇ 举升机垫块必须整块在举升平板内，决不允许部分垫块在平板外。
◇ 对于车身比较长的车辆可拉动举升平板的延长部分再安放垫块。

（2）举升车辆。

① 检查车辆以及举升机周围是否有障碍物，给出车辆将要举升信号，确认安全。

② 按下"上升"按钮，将举升机平板升至垫块将要碰到车辆底部时，停止举升，如图1-59所示。

图1-59　将举升机平板升至垫块底部

（3）检查举升机垫块。

检查左侧举升机垫块安装是否到位，如不到位则进行调整；检查右侧举升机垫块安装是否到位，如不到位则进行调整，如图1-60所示。

图1-60　检查举升机垫块

◇ 举升机垫块必须与车辆底部举升点（凹槽）处完全接触，同时位于中间位置。

（4）第二次车辆举升。

① 检查车辆周围是否有障碍物；给出车辆将要举升信号，确认安全。

② 按下"上升"按钮，将车辆举升离开地面20 cm左右停止举升，如图1-61所示。

图1-61　将车辆举升离地面20 cm

> **注意事项**
> ◇ 在车辆举升时,要注意两块举升平板是否同时上升,不然影响作业安全。

图 1-62 检查举升机垫块是否到位

(5) 再次检查举升机垫块。

再次检查左侧举升机垫块安装是否到位,如不到位则进行调整;再次检查右侧举升机垫块安装是否到位,如不到位则进行调整,如图 1-62 所示。

(6) 车辆安全检查。

按压车辆前部,检查车辆支撑是否合适;按压车辆后部,检查车辆支撑是否合适。

> **注意事项**
> ◇ 检查过程中如车辆有任何的晃动、不平稳都需重新调整。

图 1-63 将车辆举升到操作的合适高度

(7) 移除挡块。

移除除左后车轮挡块,移除右后车轮挡块,并将其放在安全位置。

(8) 第三次举升车辆。

① 检查车辆周围是否有障碍物,给出车辆将要举升信号,确认安全。

② 按下"上升"按钮,将车辆举升到操作的合适高度,如图 1-63 所示。

> **注意事项**
> ◇ 检查举升机锁止是否良好,在举升机锁止检查时,确保上下两排齿要完全吻合。

图 1-64 按下举升机"下降"按钮

3. 举升机下降操作

(1) 举升机下降。

① 检查车辆下方是否有工具设备,检查车辆周围是否有障碍物;给出车辆将要下降的信号,确认安全。

② 先举升然后再按下举升机"下降"按钮,如图 1-64 所示。

注意事项

◇ 如果将车辆下降到某位置,则下降好后,要检查举升机锁止是否正常;如果将车辆下降到地面,则直接将举升机平板降到最低位置。

◇ 在车辆下降时,要注意两块举升平板是否同时下降,否则会影响安全作业。

(2) 移除举升机垫块。

移除车辆左侧举升机垫块,将其放到安全位置;移除车辆右侧举升机垫块,将其放到安全位置,如图1-65所示。

图 1-65 移除举升机垫块

注意事项

◇ 在移除垫块的同时,要检查垫块是否完好,避免影响下次作业。

知识链接

汽车维护技术未来发展趋势

1. 维护管理规范化

现代汽车与传统汽车在结构原理上有着很大的区别,因此检修标准和流程也有着一定的差异,在后续的发展中应当侧重于使维修管理工作形成统一的标准,一是完善汽车检测方法,检修部门要先总结出一套最有效率、质量最高的检测方法,并将其设置为标准;二是建立维修从业资格认证制度,确保从业人员持证上岗,旨在改变当下汽车维修市场混乱的状况;三是完善汽车维修质量管理标准,设立专业的监管部门督促进行规范的汽车维护操作。

2. 检测与维修网络化

在汽车检测与维修中要充分应用计算机技术,这样就可以保证汽车检测得到网络化和科学化管理,由于应用在计算机机组站的系统比较多元化,而且呈现出显著的差异。因此,要加强对检测和维修的管理,建立高速信息收集站,组建成完善的计算机广域网,这样就可以及时对汽车检修情况进行监督与控制。

3. 汽车检测设备智能化

在汽车领域,智能化检测设备的应用可以有效解决汽车维修中的实际问题,人工智能检测诊断技术属于新型技术之一,其主要是以人工智能技术为基础,对人类思维、理论、技术方法等进行模拟处理,并以计算机技术进行控制,对传统人工操控方式进行替换,从而提高相关工作的效率与质量;当期应用于汽车检测诊断及维修等工作中,能够在很大程度上节省人力、物力、时间等成本的消耗,并准确判断出汽车故障问题出现的位置与原因,之后由系统制定应对处理方案,极大地提高了检测维修工作的效率与质量,确保行车的安全性和可靠性。

4. 虚拟仪器检测技术

所谓虚拟仪器技术,即利用高性能的模块化硬件,结合高效灵活的软件来完成各种测试、测量和自动化的应用。在汽车维修领域中,虚拟仪器技术的应用能够有效应对诸如偏远山区等恶劣环境,使远程客户准确接收现场数据与图像,便于分析排查故障,提高检修水平。

任务小结

1. 机修常用的工具

汽车机修工具一般分为通用和专用两大类。汽车机修作业中常用的工具有:扳手、钳子、螺钉旋具、锤子、游标卡尺、千分尺、量缸表等。

2. 汽车举升机种类

汽车举升机可按照形状、功能及占用空间的不同进行分类。

3. 汽车举升机的特点

不同类型的汽车举升机具有不同的特点。单柱式举升机具有操作简单、美观、不占用空间的优点;双柱式举升机具有节省大量地面的空间、方便作业、性能可靠、低能耗、操作方便、无横梁、结构简单的优点;四柱式举升机具有结构简单、自重降低的优点;剪刀式举升机具有结构简单、同步性好、举升速度适中且不占用车坑位置的优点。以上这些类型的举升机也有缺点,详细内容可参见"知识准备"模块。

4. 剪式汽车举升机操作使用前注意事项

车辆要停放在举升机的中间位置,使车辆的重心能够刚好在举升机的中间,保证车辆平稳举升。剪式汽车举升机操作使用前要确保车辆重量不超过举升机的最大举升极限。举升机垫块必须与车辆底部举升点(凹槽)处完全接触。

5. 剪式举升机操作使用时注意事项

严禁举升超过举升机载荷极限的车辆；在车辆举升时，要注意两块举升平板同时上升；在举升机锁止检查时，确保上下两排齿要完全啮合。

（一）课堂练习

1. 判断题

（1）游标卡尺是汽车机修专用工具之一。（　　）

（2）单柱式举升机主要用于汽车及工程车辆的局部举升，适用于室外工作。（　　）

（3）剪式汽车举升机操作前若车内的行李物品重量很轻，则无须将其搬出车外。（　　）

2. 选择题

（1）（　　）举升机广泛应用于轿车等小型车的维修和保养。

　　A. 单柱式　　　　　　　　　B. 双柱式
　　C. 四柱式　　　　　　　　　D. 剪式

（2）剪式举升机广泛应用于大型车辆维修，有（　　）类型。

　　A. 子母式举升机　　　　　　B. 单剪式举升机
　　C. 超薄系列剪式举升机　　　D. 以上三种都是

（二）技能评价

表 1-3　技能评价表

序号	内容	分值	得分
1	检查车辆停放在举升机位置	5	
2	检查车辆重量是否不超过举升机的最大举升极限	5	
3	检查车内是否有行李物品	5	
4	安装车轮挡块，左后右后车轮都要安装	10	
5	安装举升机垫块	10	
6	举升车辆需确定周围是否有障碍物，举升机平板升至垫块将要碰到车辆底部时需停止举升	10	
7	检查举升机垫块	10	
8	第二次车辆举升	10	

续 表

序号	内　　容	分值	得分
9	移除挡块	10	
10	第三次车辆举升	10	
11	举升机下降应检查是否有障碍物,先举升后按"下降"按钮	10	
12	移除举升机垫块,左右两侧的举升机垫块都要移除	5	
	总分	100	

(注：操作规范即得分,操作错误或未进行操作即0分)

项目二 汽车维修业务接待

项目导入

　　汽车维修业务接待是汽车服务行业实现现代化管理的重要步骤,也是汽车服务企业最重要的利润环节。在该环节中,企业除了要把客户的车辆维护好,还要把客户的心情管理好,以提高客户的满意度。只有高品质的服务质量才能提高客户对企业的忠诚度。因此,规范的、良好的汽车维修业务接待,既能很专业地解答客户修车、保险、索赔等有关问题,又将为企业树立规范、档次高、服务态度好、有亲近感的良好形象。

学习目标

素养目标
- 了解安全操作要求,养成安全文明操作的习惯。
- 养成组员之间互相协作的习惯。
- 实施操作结束后,清洁工具,并将工具设备归位,清洁场地。

技能目标
- 能严格按汽车维护服务标准及操作规范执行汽车维护作业。

知识目标
- 掌握汽车4S店售后服务的基本流程。
- 掌握汽车维护流程的具体实施步骤。

学习任务

学习任务
◇ 汽车维修业务接待

学习任务　汽车维修业务接待

任务目标

任务目标
◎ 掌握汽车 4S 店售后服务的基本流程。
◎ 掌握汽车维护接待流程的具体实施步骤。
◎ 能严格按汽车维护服务标准及操作规范执行汽车维护作业。

学习重点
◎ 汽车维护接待流程的具体实施步骤。

知识准备

1. 什么是优质的业务接待

优质的业务接待要求服务人员具备以下意识和能力：① 主动意识；② 责任意识；③ 授权运用；④ 问题意识；⑤ 有效倾听；⑥ 了解需求。

2. 维修服务接待核心环节(图 2-1)

汽车维修服务接待主要工作内容有维修预约、接车制单、交流及交车、跟踪回访等，其具体流程见图 2-1。

图 2-1　维修服务接待核心环节

3. 顾问式维修服务流程(图2-2)

顾问式维修服务以客户为中心,主要工作内容有预约服务、客户接待、预检诊断、估价和客户安顿、验车结算与交车送行等,其具体流程见图2-2。

图2-2 顾问式服务流程

4. 客户要求和期望

(1) 工作人员的热情接待;
(2) 工作人员能关注顾客的需求和要求;
(3) 客户希望在约定的期限内完成车辆的维护;
(4) 客户希望了解每次维护所做的全部工作及过程;
(5) 客户希望了解费用的组成;
(6) 客户希望有专业的技术人员协助他亲自验车;
(7) 客户希望有专业的服务人员协助他离开,并问问其服务感受。

5. 客户忠诚度划分

客户忠诚度是企业长期盈利潜力的重要指标,是测量客户需要多大经济力量才能驱使其离开企业转向其他组织的态度倾向。汽车维修服务企业的客户常见分类如图2-3所示。

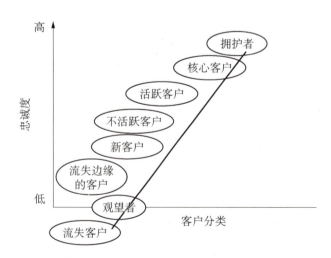

任务实施

（一）实施方案

1. 质量要求

参照厂家的质量标准要求。

2. 组织方式

每四位同学一组，按照维护项目检查与维护卡罗拉车，按照企业岗位操作规范进行作业。每组作业时间为 __40__ min。

3. 作业准备

（1）技术要求与标准：

① 礼貌周全，热情待客；

② 根据不同车型的维护要求，规范车辆质检；

③ 细致耐心地向顾客提出维修建议，并展示旧件；

④ 严格要求完成跟踪回访，并完成回访报告。

（2）设备器材：多媒体设备、黑板、汽车电脑故障诊断仪一台。

（3）场地设施：理实一体化教室。

（4）设备设施：2007款卡罗拉1.6AT轿车一辆。

（5）耗材：卡片纸、干净抹布。

（二）操作步骤

> 服务顾问小张电话预约了客户刘先生一辆小汽车的维护。随后，小张热情接待了客户刘先生，根据刘先生在汽车维护中的需求制定了详细的汽车维护方案，并安排刘先生在客户休息室休息，等待车辆的完工。车辆维护完毕后，小张通知了刘先生，并详细地为刘先生解释了工作的内容和需要的费用。在送别了刘先生后，小张又对刘先生做了一次跟踪回访，并形成了回访报告。

1. 预约服务

（1）提前预约，礼貌问候，如图2-3所示。

图2-3 预约服务

图 2-4 制作预约维修合同

(2) 确认顾客需求,制作预约维修合同,如图 2-4 所示。

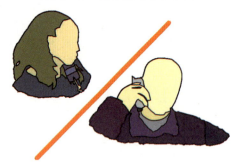

图 2-5 提前确认

(3) 提前与顾客确认,如图 2-5 所示。

用户电话	维修顾问/工位	预约项目

图 2-6 填写预约信息

(4) 填写预约信息,与服务顾问及维修技师安排接待任务,如图 2-6 所示。

图 2-7 预留车位

(5) 预留车位,如图 2-7 所示。

图 2-8 迎接顾客

2. 热情接待

(1) 迎接顾客(图 2-8)。

① 看见客户车辆进场,热情并礼貌问候顾客,引导顾客停车并接待。

② 确认顾客预约信息,了解客户需求。

③ 倾听顾客的要求,对车辆故障的初步确认。

(2) 环车检查(图2-9)。
① 安装三件套。
② 基本信息记录。
③ 环车检查。
④ 详细、准确填写接车登记表。

图2-9 环车检查

3. 车辆点检

(1) 引导客户至服务前台或者休息区,热情招待顾客并提供茶饮等服务,如图2-10所示。

图2-10 热情招待客户

(2) 服务顾问呼叫车间移车,管工/技术主管分派工作任务。

(3) 服务顾问与维修人员进行移车前钥匙与单据交接,如图2-11所示。

图2-11 交接车钥匙与单据

(4) 将车辆移至车间,并进行点检作业,如图2-12所示。

图2-12 车辆点检作业

4. 合同签订

(1) 服务顾问向客户提供宣传资料,如图2-13所示。

图2-13 提供宣传资料

图 2-14 提出合理的维修建议

图 2-15 客户休息服务

图 2-16 填写《随车提醒卡》

图 2-17 交接单作业内容说明

图 2-18 客户带证参观车间

(2) 服务顾问核对客户信息。

(3) 服务顾问就顾客应执行的维修项目和适当的选择方案提出建议，如图 2-14 所示。

(4) 根据对维修项目所需工时的估计及店内实际情况预估出完工时间，并准确地对维修费用进行估算。

(5) 服务顾问向客户解释维修合同，双方在维修合同上签字。

(6) 服务顾问向客户提供提车联系单。

5. 顾客休息

(1) 若顾客决定先行离厂，为顾客提供离厂信息（离厂路线图、出租车、免费搭载等）。

(2) 若顾客决定等候，陪伴顾客至休息室，指定专人保持休息室清洁整齐、更新杂志等，如图 2-15 所示。

(3) 服务顾问填写《随车提醒卡》，如图 2-16 所示。

(4) 服务顾问向维修人员说明交接单据作业内容，如图 2-17 所示。

(5) 服务顾问可陪同客户带证参观车间，如图 2-18 所示。

6. 车辆作业与质检

(1) 维修人员进行维修(保养)作业,如图 2-19 所示。

图 2-19 维修(保养)作业

(2) 维修人员告知服务顾问增修项目,由服务顾问与客户确认并签字,如图 2-20 所示。

图 2-20 告知增修项目并签字

(3) 维修过程中,质检员巡检,如图 2-21 所示。

图 2-21 巡检

(4) 维修工作结束后,由维修人员自检再由总检进行最终检查,如图 2-22 所示。

(5) 维修人员将维修单据交接给服务专员。

图 2-22 最终检查

7. 交车准备

(1) 车辆外观及内饰清洁,洗车工位洗车,如图 2-23 所示。

(2) 服务顾问打印结算单。

(3) 洗车质检并通知服务顾问内部交车。

图 2-23 车辆外观清洁

图 2-24　内部交车

(4) 告知服务专员车辆停放处,将车辆和钥匙交给服务顾问,如图 2-24 所示。

(5) 服务顾问邀请客户进行结算。

8. 陪同结算

(1) 服务顾问向客户详细解释结算单,并咨询客户结算意愿。

(2) 服务顾问带领顾客至收银台付款,如图 2-25 所示。

图 2-25　客户付款

(3) 进行结算信封填写并适当提醒,如图 2-26 所示。

图 2-26　进行结算信封填写并适当提醒

(4) 服务顾问开具出门证并盖章,如图 2-27 所示。

图 2-27　开具出门证并盖章

9. 交车送别

(1) 服务顾问陪伴顾客至车辆停放处验车,如图 2-28 所示。

(2) 向顾客确认按时交车。

图 2-28　客户验车

(3) 优化的"九维"验车法交车,如图 2-29 所示。

图 2-29 "九维"验车法

(4) 向客户展示维修过程中换掉的旧件并销毁,如图 2-30 所示。

图 2-30 展示维修旧件

(5) 礼别客户,协助客户安全驶离,如图 2-31 所示。

图 2-31 礼别客户

10. 跟踪回访

(1) 在维护后三日内主动以电话形式追踪每一位顾客,如图 2-32 所示。

图 2-32 电话回访

(2) 进行系统维护,如图 2-33 所示。

图 2-33 系统维护

图 2-34 服务质量提升研讨

(3) 生成回访报告。

(4) 召开服务质量提升研讨会议,如图 2-34 所示。

任务小结

汽车维护与保养服务流程

(1) 预约服务。

(2) 热情接待。

(3) 车辆点检。

(4) 合同签订。

(5) 顾客休息。

(6) 车辆作业与质检。

(7) 交车准备。

(8) 陪同结算。

(9) 交车送别。

(10) 跟踪回访。

任务评价

(一) 课堂练习

1. 判断题

(1) 客户电话预约时只需登记客户姓名、电话、车型就可以了。(　　)

(2) 良好的企业形象会让客户认为你的公司有着良好的组织性、高效率和专业化。(　　)

(3) 客户抱怨是一种满足程度低的最常见的表达方式,没有抱怨,表明客户很满意。(　　)

(4) 汽车修理是指为恢复汽车各部分规定的技术状况和工作能力所进行的活动的总称。(　　)

(5) 进厂维修或保养的车辆由车间维修人员进行质检。(　　)

2. 选择题

(1) 关于客户接待的作用,不正确的是(　　)。

A. 是维修服务的第一个环节
B. 客户能够从中感受到维修质量和服务质量
C. 是与客户直接接触的至关重要的环节
D. 会影响到其对维修厂的满意度和忠诚度

（2）当服务专业被告知汽车修好了,应进行下列哪一项工作(　　)。
A. 请客户结账　　　　　　　　B. 交车前检查
C. 洗车　　　　　　　　　　　D. 试车

（3）电话铃一响,应尽快去接,最好不要让铃声响过(　　)遍。
A. 2　　　　B. 3　　　　C. 4　　　　D. 5

（4）汽车维修流程中的质量控制主要通过接车检验、维修过程中检验、(　　)、总检、回访跟踪和返修管理来进行。
A. 零件把关　　B. 维修监督　　C. 试车　　D. 互检

（5）关于跟踪回访,不正确的是(　　)。
A. 要派维修接待员进行回访
B. 可以使客户感到被关注和关心
C. 可以提高企业服务形象
D. 在维修后三日内打电话了解客户满意程度

（二）技能评价

表2-1 技能评价表

序号	内　　容	分值	得分
1	能按标准流程预约汽车维护服务	5	
2	客户来4S店,工作人员热情接待	5	
3	能规范标准进行车辆点检	20	
4	能根据客户需求制定维修方案,并签订合同	10	
5	能合理安排顾客休息	5	
6	按照规范的流程,对车辆进行维护作业与质检	20	
7	能充分做好交车准备	10	
8	能礼貌详细地对客户解释各项费用,陪同结算	10	
9	能为客户礼貌交车送别	5	
10	能根据公司要求,对客户跟踪回访,制作回访报告	10	
	总分	100	

(注：操作规范即得分,操作错误或未进行操作即0分)

学习拓展

一汽丰田一贯秉承"客户第一"的服务理念,为客户提供优质的6S车辆维护与保养服务。以下是丰田汽车维护标准服务的基本流程,在汽车维护中,请严格执行(图2-35)。

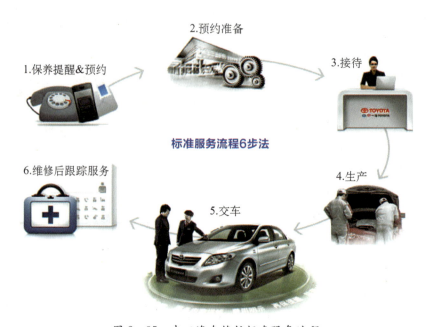

图2-35 丰田汽车维护标准服务流程

1. 保养提醒&预约

(1) 根据车主用车的需求来推测车辆保养的时间并提醒车主。

(2) 根据车主的实际需求给车主提出保养、维修方面的专业建议。

(3) 使用服务进程控制看板来识别可用的技师、工位,并向车主建议可行的预约时间,如图2-36所示。

图2-36 保养提醒&预约

2. 预约准备

(1) 准备所需零件、工具以及人员,确保保养和维修服务可以顺利进行。

(2) 合理安排人员提升工作效率,避免出现技师怠工的现象,如图2-37所示。

图2-37 预约准备

3. 接待

(1) 引导车主停车,并热情问候车主。

(2) 确认车主到店的目的,以及车主和车辆的信息。

(3) 安装车辆检查三件套保护车主车辆。
(4) 与车主一同进行环车检查。
(5) 提出保养和维修建议,向车主解释工作项目、预估费用和交车时间。
(6) 再次确认车主需求,填写施工单,如图2-38所示。

4. 生产

(1) 根据技术水平和当天工作计划分配工单。
(2) 优先对待返修和等待车主。
(3) 利用可视化管理工作来跟踪技师的作业情况。
(4) 出现追加作业的情况,必须与车主进行事先确认来取得授权,如图2-39所示。

图2-38 接待

5. 交车

(1) 向车主进行问候。
(2) 展示旧件或指出修理部件。
(3) 解释费用的明细。
(4) 确认车况,交换车主物品。
(5) 开具车票,陪同车主付款。
(6) 感谢车主并进行送别。

图2-39 生产

6. 维修后跟踪服务

(1) 在72小时内回访车主。
(2) 记录车主的反馈。
(3) 对车主的要求,以及不满意车主进行跟踪回访,如图2-41所示。

图2-40 交车

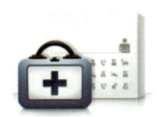

图2-41 维修后跟踪服务

项目三 新车 PDI 检查

项目导入

新车 PDI 检查是一项售前检测证明,是新车在交车前必须通过的检查。新车从生产厂到达经销商处经历长距离的运输路途和长时间的停放,为了向顾客保证新车的安全性和原厂性能,PDI 检查必不可少。

本项目主要是通过对新车发动机机舱、车辆外围、驾驶室的位置、起动后检查和行驶检查,认知新车 PDI 检查的重要性及如何维护。

学习目标

素养目标
- 了解安全操作要求，养成安全文明操作的习惯。
- 养成组员之间互相协作的习惯。
- 实施操作结束后，清洁工具，并将工具设备归位，清洁场地。

技能目标
- 能够规范完成新车PDI检查项目，正确填写新车交车检验单。

知识目标
- 能够了解新车PDI检查的概念。
- 能够明确新车交车检查的项目、程序和标准。

学习任务

学习任务
◇ 新车 PDI 检查

学习任务 新车 PDI 检查

任务目标

任务目标
◎ 了解新车 PDI 检查的概念。
◎ 能够认知新车 PDI 检查的意义。
◎ 掌握新车 PDI 检查的具体任务内容,并能够完成整个任务检查。

学习重点
◎ 新车 PDI 检查的具体实施。

知识准备

1. 什么是新车 PDI 检查?

新车 PDI(Pre-Delivery Inspection)检查是指"交付前检查",是新车在交车前必须通过的检查,也是经销商将新车交付给消费者之前必须履行的检查程序。

2. 新车 PDI 检查的意义

PDI 检查是经销商销售车辆必不可少的程序和义务。经销商在向客户交付车辆之前与客户一起进行 PDI 检查,可以起到以下作用:

(1) 使用户对车辆有初步了解。
(2) 发现、消除质量缺陷的重要环节。
(3) 对将来在售后环节可能出现的纠纷提供依据。
(4) 提高用户对车辆和品牌的满意度。
(5) 提高经销商的服务质量和形象。

3. 新车 PDI 检查项目

各个汽车厂家都对经销商的 PDI 检查制定了详细的程序,提出了严格的要求。PDI 检查项目范围很广,在本任务中,主要按照以下表格中所要求的项目进行检查。

新车 PDI 检查的认识

VIN(车辆识别代号)	车型·年型	发动机号	钥匙号	颜色

顾客姓名和地址		经销商名称	

1. 发动机机舱——发动机关闭
   - ☐ a. 冷却液液面高度
   - ☐ b. 风窗洗涤液液面高度
   - ☐ c. 发动机机油油面高度
   - ☐ d. 制动器和离合器主缸液面高度
   - ☐ e. 动力转向液液面高度
   - ☐ f. 蓄电池状态
   - ☐ g. 传动带状态
   - ☐ h. 发动机舱内的油液泄漏

2. 发动机机舱——发动机运转
   - ☐ a. 怠速状态
   - ☐ b. A/T(自动变速器)油的液面高度

3. 外部
   - ☐ a. 车门和门锁的工作情况
   - ☐ b. 儿童保护功能
   - ☐ c. 发动机罩的工作情况
   - ☐ d. 燃油加注口盖的工作情况
   - ☐ e. 千斤顶和工具装备
   - ☐ f. 备胎压力和安装
   - ☐ g. 调整轮胎压力
   - ☐ h. 检查车轮螺母力矩和安装轮罩

4. 内部——发动机关闭
   - ☐ a. 座椅的工作情况
   - ☐ b. 安全带的工作情况
   - ☐ c. 转向盘的锁止和调整
   - ☐ d. 杂物箱盖、控制台杂物箱盖、烟灰缸/点烟器和遮阳板的工作情况
   - ☐ e. 安装熔丝
   - ☐ f. 设置时钟
   - ☐ g. 收音机电台预设
   - ☐ h. NAVI 的调整(如有配置)
   - ☐ i. 倒车影像的调整(如有配置)
   - ☐ j. 座椅加热/按摩功能确认(如有配置)
   - ☐ k. 电动后遮阳帘的确认(如有配置)
   - ☐ l. 检查车内后视镜和车外后视镜

4. 内部——起动发动机
   - ☐ m. 报警灯
   - ☐ n. 起动性能和发动机噪声
   - ☐ o. 内部灯光
   - ☐ p. 前部灯光
   - ☐ q. 后部灯光
   - ☐ r. 喇叭
   - ☐ s. 风窗刮水器和洗涤器
   - ☐ t. 前照灯清洗器(如有配置)
   - ☐ u. 暖风和空调
   - ☐ v. 后窗除雾器
   - ☐ w. 天窗的工作情况
   - ☐ x. 车窗的工作情况
   - ☐ y. 检查后阅读灯
   - ☐ z. 后排座椅中央扶手/开关

5. 路试
   - ☐ a. 自动变速器驻车互锁装置和换挡锁
   - ☐ b. 手动变速器和离合器
   - ☐ c. 仪表
   - ☐ d. 脚制动和驻车制动的工作情况
   - ☐ e. 转向
   - ☐ f. 噪声和振动
   - ☐ g. 自动门锁

本清单证明所有工作已经结束,此车已经做好交货准备。

PDI 检查员:　　　　　　　　主管:　　　　　　　　　　　客户:

重要:经销商必须填好此表并保存 2 年。

（一）实施方案

1. 质量要求

参照厂家的质量标准要求。

2. 组织方式

每四位同学一组，全车检测卡罗拉新车，按照企业岗位操作规范进行作业。每组作业时间为 40 min。

3. 作业准备

（1）技术要求与标准：

① 严格按照操作规范和标准进行新车 PDI 各项检查；

② 正确进行新车 PDI 检查工作。

（2）设备器材：翼子板保护罩、维修三包、蓄电池检测仪、挠度计、直尺、气压表、扭力扳手（90～300 N·m）、套筒、诊断仪等。

（3）场地设施：汽车维护车间。

（4）设备设施：2007 款卡罗拉 1.6AT 轿车一辆。

（5）耗材：干净的抹布、各类汽车油液。

（二）操作步骤

1. 发动机机舱内检查

（1）开启发动机机舱。

拉起发动机盖开启手柄，将发动机盖完全开启，确保支撑杆能有效地支撑发动机盖，如图 3-1 所示。

图 3-1　开启发动机机舱

（2）发动机机舱内整洁度检查。

① 目视检查发动机机舱内干净整洁，无任何异物。

② 发动机装饰盖完好，无松动，无开裂。

③ 发动机饰板的 LOGO 和文字完整、清晰、无变形，如图 3-2 所示。

（3）发动机机舱的各类线路、管路检查。

① 检查并确认发动机机舱内熔断器、继电器、线束等无松动和干涉。

图 3-2　检查发动机机舱内整洁度

② 检查并确认燃油管、冷却液管、助力转向管路等无油、液泄漏痕迹。

③ 检查并确认制动真空管、曲轴箱通风管的管路安装牢靠。

④ 燃油管、冷却液管、助力转向管路等无干涉情况，各类卡箍、支架等固定良好。

(4) 检查发动机机油液位。

① 检查发动机机油液位时，应将车辆停放在水平地面上，并且保证发动机停止运转 10 min 以上，如图 3-3 所示。

检查发动机机油液位

图 3-3　检查发动机机油液位

② 先将机油尺拔出并用干净的抹布擦净，然后将机油尺完全插入导管，再次拔出机油尺检查，如图 3-4 所示。

图 3-4　正确操作机油尺

③ 确认发动机机油液位在 MAX 与 MIN 标记之间，建议添加至 MAX 标记处，如图 3-5 所示。

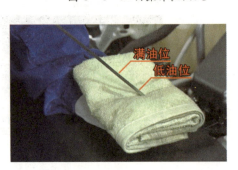

图 3-5　确认发动机机油液位

(5) 检查发动机冷却液液位。

① 确认发动机的冷却液膨胀水箱中的冷却液液位在 MAX 与 MIN 标记之间。

② 如果发动机冷却液液位太低，或者仪表信息中心的冷却液报警灯处于亮的状态，应先检查是否有冷却液泄漏，建议使用专用工具进行发动机冷却系统的保压测试。

③ 在确认发动机冷却系统没有泄漏、渗漏的情况下，将发动机冷却液液位添加至规定刻度（建议添加至 MAX 标记处），如图 3-6 所示。

检查发动机冷却液液位

图 3-6　检查发动机冷却液液位

(6) 检查助力转向液液位。

拧开助力转向储液罐盖,用干净的抹布将盖上油尺擦净,然后将转向储液罐盖放入拧紧,再次取出储液罐盖,确认助力转向液液位位于油尺的 MAX 与 MIN 标记之间,如图 3-7 所示。

图 3-7 检查助力转向液液位

检查转向助力液液位

(7) 检查前风窗玻璃清洗液。

① 检查前风窗玻璃清洗液储液罐及盖子,确认无破损且能正常工作。

② 如果在检查中发现前风窗玻璃清洗液液位太低导致仪表报警指示灯报警,则应将前风窗玻璃清洗液补充至适当高度,如图 3-8 所示。

图 3-8 检查前风窗玻璃清洗液

(8) 检查制动液液位。

目视检查制动液液位位于 MAX 与 MIN 标记之间(图 3-9)。

(9) 检查蓄电池。

① 对于免维护蓄电池,蓄电池状态显示窗口应呈绿色。

② 对于非免维护蓄电池,建议使用蓄电池测试仪进行检测。

③ 检查蓄电池接线柱的紧固情况,应无锈蚀,如图 3-10 所示。

④ 检查并确认蓄电池无泄漏。

(10) 发动机机舱内标签检查。

检查并确认发动机机油、空调制冷剂、冷却系统的注意事项标签完好无损、粘贴牢固。

图 3-9 检查制动液液位

检查制动液液位

2. 车辆外部检查

(1) 清洗车辆,如图 3-11 所示。

(2) 全车油漆、金属表面的检查。

① 检查并确认金属表面的平整度良好,无凸凹缺陷。

② 检查并确认车身表面的油漆无划伤、色差、漏漆、流挂、灰粒、暗影等现象。

图 3-10 检查蓄电池

检查蓄电池外观

图 3-11 清洗车辆

(3) 配合间隙检查。

① 确认发动机盖、行李箱与两侧翼子板的配合间隙均匀、左右对称、平整度一致。

② 确认前、后保险杠与翼子板的配合间隙均匀、平整度一致；确认前、后保险杠与发动机盖、行李箱的配合间隙均匀。

③ 检查4个车门与车身的配合度间隙均匀、平整度一致。

(4) 风窗玻璃与车窗玻璃检查。

确认无开裂、爆眼、划伤等情况、平整度应一致；透过玻璃看物体时无变形的感觉，窗框密封条无开裂、变形情况。

(5) 车身饰条检查。

确认顶部、车窗、门槛、前后门外柱饰条，以及前后标牌、标识及LOGO，格栅、后牌照饰板粘贴牢固，无翘起、破损等情况。

(6) 刮水器刮臂及刮片检查（图3-12）。

(7) 照明灯具外观检查。

检查前照灯、雾灯组合灯、侧面转向灯、尾灯等与前后保险杠之间的配合间隙是否均匀、对称，确认灯具表面干净，无划痕、无裂缝、无破损。

(8) 加油小门与车身的配合。

检查并确认加油小门与车身的配合间隙均匀，开启自如，无变形，标签粘贴牢固，图标和字体清晰。

(9) 倒车雷达感应器检查。

检查并确认倒车雷达感应器安装牢固，无漏装，并确认倒车雷达感应器与后保险杠表面颜色一致。

(10) 倒车摄像头。

检查并确认倒车摄像头安装牢固，表面无损伤。

3. 驾驶室的位置检查

(1) 钥匙及防盗功能检查。

① 在离车辆约1 m远处，分别按下钥匙遥控器上的开锁、锁车以及行李箱开启按钮，确认

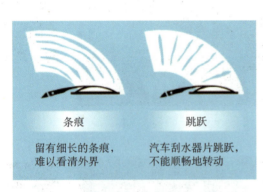
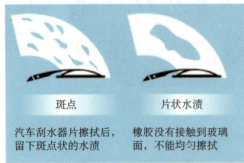

图3-12 刮水器刮水效果

遥控器功能正常。

② 在默认状态下,按下开锁按钮一次,确认能打开驾驶人侧车门。不能从外部打开其他3个车门;再次按下开锁按钮,确认能够从外部打开其他的3个车门。

③ 对配置四门一触式升降的车辆,长按(大于2 s)遥控器解锁按钮,将开启所有已经关闭的车窗。

④ 对配置四门一触式升降的车辆,长按(大于2 s)遥控器锁止按钮,将关闭所有已经开启的车窗,如图3-13所示。

⑤ 打开遥控器顶部盖板,取出应急钥匙。检查钥匙齿形是否正常。

⑥ 把应急钥匙插入驾驶人侧车门锁中,逆时针方向转动应急钥匙来打开车门,顺时针方向转动应急钥匙来打开车门,或顺时针方向转动应急钥匙来锁止车门。

图3-13 检查钥匙遥控器功能

⑦ 检查并确认所有钥匙插入点火开关时平滑、无卡滞,能准确打开点火开关1、2、3挡,并且所有钥匙均能起动车辆。熄火时需将钥匙往内推才能将钥匙取出,切勿将钥匙强行往外拉。

⑧ 防盗报警测试:降下左前门车窗,用钥匙或遥控器锁车,然后从内侧拉手打开左前门,检查防盗报警功能是否正常。

(2) 电子控制空调系统检查。

检查电子控制空调系统各操作按钮,确认操作各控制按钮时,按钮不卡滞,空调系统的各种功能正常工作,压缩机运行时无杂音。

(3) 检查出风口。

操作所有出风口的指轮控制:

① 检查所有出风口叶片打开、关闭无卡滞,调节杆无松动。

② 确认所有出风口的调节指轮工作正常,无阻滞。

③ 确认前后所有出风口面板表面无划伤、掉漆,镀铬处无脱落。

④ 打开鼓风机,出风口关闭严密,无异响。

图 3-14 调节检查仪表照明及背景亮度

⑤ 关闭后排空调出风口,将风量调至最大,确保后排空调出风口不会有啸叫声产生。

(4) 打开点火开关,检查娱乐系统(CD、DVD、USB、GPS)是否正常。

(5) 外部开关检查。

操作前照灯开关和组合开关,检查灯光的功能是否正常。

(6) 内部灯光检查。

① 仪表照明及背景亮度调节检查,如图 3-14 所示。

② 前、后室内照明灯和阅读灯检查。

③ 后阅读灯检查:确认按下相应侧的开关,接通相应侧的阅读灯,再次按下则关闭。

④ 杂物箱灯(开关)检查。

机油指示灯　　驻车指示灯

燃油指示灯　　前后雾灯指示灯

转向指示灯　　远光指示灯

安全带指示灯　　示宽指示灯

车门指示灯　　发动机自检灯

ABS指示灯　　O/D挡指示灯

图 3-15 仪表板上的警告灯

(7) 确认并检查仪表警告灯工作状态是否正常。(图 3-15)

(8) 外后视镜检查。

① 手动折叠外后视镜检查。

② 外后视镜调节功能检查,如图 3-16 所示。

图 3-16 检查外后视镜

(9) 电动车窗检查。

操作所有电动车窗控制按钮,确认按钮工作正常,无卡滞。

① 检查所有车窗一触式下降和上升功能正常,如图 3-17 所示。

② 按下后车窗禁用按钮,确认后车窗禁用功能正常,再次按下按钮,解除后车窗禁用功能。

③ 对装配车窗玻璃一键式上升功能的车辆,确认其一键式上升功能正常和车窗防夹功能正常。

④ 检查并确认车窗玻璃上升、下降时无异响、无顿挫感。

图 3-17 检查车窗一触式升降功能

(10) 蜂鸣器检查。

未关闭前照灯的情况下,关闭点火开关,并且拔出钥匙,确认打开车门时蜂鸣器鸣响提醒。

(11) 中央控制门锁检查。

按下中央控制门锁按钮,确认能打开和锁止所有车门。

(12) 喇叭检查。

按下喇叭按钮,确认喇叭工作正常,如图 3-18 所示。

(13) 点烟器检查。

按下点烟器,确认加热后自动弹起。

(14) TRC 电子牵引力控制系统和 DSC 动态稳定系统检查。

DSC 和 TRC 系统在发动机起动后自动进入工作状态,检查并确认通过 TRC 开关可实现手动关闭这两个系统的功能;再

图 3-18 检查喇叭

检查喇叭

次按TRC开关,DSC和TRC系统恢复工作,警告信息消失。

(15) 转向盘调节及转向锁检查(下述内容检查可关闭钥匙进行)。

① 调节转向盘的高度及倾角,确认功能正常。

② 检查并确认转向盘安全气囊处的LOGO标识正确、清晰,表面无划痕、擦伤等。

③ 检查并确认转向盘表面干净整洁,无擦伤、划痕和裂纹等损害。

④ 检查并确认转向盘的缝线完整、均匀。

⑤ 取下点火钥匙,能听到转向电子锁动作的声音。

(16) 驾驶人侧/前排乘客电动座椅检查。

① 座椅的皮革表面清洁,无色差、划伤、折皱,缝线处无断线、跳线现象。

② 使用开关调节电动座椅的前、后移动,座垫前后与高低角度,座椅靠背角度,每个操作都需要到达行程极限位置,确认座椅调节装置工作正常,并且无异响、卡滞。

图3-19 检查电动座椅

③ 用手动腰托手轮调节腰托,确认调节装置工作正常,如图3-19所示。

(17) 手动/电动内后视镜(如配置)检查。

① 检查并确认内后视镜清洁、无任何损坏、无松动,调整自如。

② 手动防眩目后视镜检查:推动底部调节手柄,确认后视镜视角改变,实现"防眩目"功能。扳回手柄,内后视镜回到正常位置。

③ 自动防眩目后视镜检查:对于安装此装置的车辆,确认钥匙开启时,当强光照射如图中所示的感应区时,实现后视镜自动防眩目,如图3-20所示。

(18) 正面/侧面安全气囊检查。

① 检查车辆的正面和侧面安全气囊的完好情况。

② 侧面气囊的检查:对于配置侧面气囊的车辆,核实车辆状态与实车一致。

图3-20 检查内后视镜

(19) 安全带检查：
① 确认安全带没有扭曲、污渍和任何损伤；
② 确认安全带拉出和收回顺畅；
③ 确认安全带搭扣锁止和释放功能正常；
④ 确认前排座椅安全带高度调节功能正常；
⑤ 确认快速拉动安全带时安全带能够锁止。

4. 起动后检查

（1）急速情况下，检查发动机急速时和转速升高到 2 000～3 000 r/min 时，是否有异常噪声。

（2）发动机暖机后，通过转速表检查发动机急速是否在规定范围内。同时检查发动机是否能够连续地平稳运转。

（3）自动变速器液量。

从自动变速器中抽出油尺检查液面高度。由于液面随温度变化，使用以下步骤进行检查。用一张纸擦去油尺上的液体，避免灰尘落上。

"冷"液面的测量大致标准：
① 车辆平放。
② 发动机保持暖机状态（冷却液温度表指针在 C 和 H 之间）。
③ 把控制杆从 P 位逐一换到 1 位。
④ 发动机急速条件下，在 N 位或 P 位时，液面必须在"冷"液面范围内。

精确测量"热"液面：
① 发动机暖机后，驾驶车辆在城区开大约 10 min。
② 车辆平放。
③ 发动机急速条件下，把控制杆从 P 位逐一换到 1 位。
④ 发动机急速条件下，在 N 位或 P 位时，液面必须在"热"液面范围内。

（4）制动踏板的高度和自由行程及制动效率。

① 发动机停车状态下，多踩几次制动踏板，把制动助力器中的压力降到大气压后，用手指尖压下踏板直到感觉到阻力，然后检查自由行程是否在规定范围内。另外，检查自由状态下的踏板高度是否在规定范围内。

② 在干路面上驾驶车辆，检查制动是否完全有效，制动效果是否稳定，是否有异常噪声，或者，使用制动测试仪检查制动效果是否低于规定值。

③ 踩下制动踏板时检查踏板感觉，判断空气是否混合到制动液管路中（如果踏板感觉很软，或第一次踩下踏板松开后，第二次踩下的踏板高度高于前次，表明空气混入制动液管路中。）

（5）驻车制动杆的行程和驻车制动效果。

① 用 20 kgf 拉起驻车制动杆（或是踏板式驻车制动，踩下驻车踏板），检查行程是否在规定的齿数范围内。另外，拉杆（踏板）应能够轻松复位。

② 在干燥的斜坡上检查驻车制动是否能够把车停住。如果没有斜坡,在平路上以极低的速度(大约 10 km/h)行驶,进行驻车制动,检查制动效果,或者,使用制动测试仪检查后轮的制动效果是否低于规定值。

(6) 离合器踏板的高度和自由行程及离合器接合/分离的性能。

① 用手轻压下离合器踏板直到感觉到阻力,然后检查自由状态下的踏板高度是否在规定范围内。

② 发动机怠速条件下,压下离合器踏板,检查是否产生异常噪声,踏板感觉是否异常沉重。另外,检查变速杆是否能够自如换到 1 挡和倒挡。

③ 逐渐松开离合器踏板起步,检查离合器是否打滑,离合器是否能够平稳接合。

5. 行驶检查

(1) 准备工作。

① 调整座椅位置、内/外后视镜的角度到合适位置。

② 检查、调整转向盘前后、上下位置。

(2) 原地驻车检查。

将变速杆置于 P 位或 N 位,起动发动机,确认下列情况:

① 发动机起动顺利;

② 发动机转速表指针无较大波动;

③ 发动机怠速运行平稳,无明显抖动;

④ 发动机运行无杂声,异响。

(3) 短途路试。

① 等待发动机冷却液温度正常后,对车辆进行 5 km 左右的路试。

② 在车速超过 4 km/h 时,检查是否实现车门自动落锁功能。

③ 在路试中,进行挡位切换,实施加速、匀速(巡航)及制动等操作。

④ 检查发动机、变速器是否运转正常,是否有异响、换挡冲击等不正常情况。

⑤ 检查悬架系统在路试中是否有异响。

⑥ 检查转向系统工作是否正常,方向是否跑偏;在转向时,留意转向盘是否有异响。

⑦ 对配置 GPS 车辆,检查 GPS 导航功能是否正常,声音提示是否清楚。

⑧ 对于手动变速器,检查并确认离合器分离彻底、接合平稳、无异响及打滑现象。

⑨ 将车速降至 2 km/h 以下,拉起驻车制动杆。

⑩ 将车辆挂入倒挡,检查泊车辅助系统的工作情况,重点观察摄像泊车辅助系统中 DVD 显示屏的反应速度以及倒车雷达的工作情况等。

1. 新车 PDI 检查的定义

新车 PDI 检查是"交付前检查",是新车在交车前必须通过的检查,也是经销商将新车交付给消费者之前必须履行的检查程序。

2. 新车 PDI 检查的意义

（1）使用户对车辆有初步了解。

（2）提高经销商的服务质量和形象。

（3）提高用户对车辆和品牌的满意度。

（4）对将来在售后环节可能出现的纠纷提供依据。

（5）发现、消除质量缺陷的重要环节。

3. 新车 PDI 主要检查项目

（1）发动机机舱检查。

（2）车辆外部检查。

（3）驾驶室的位置检查。

（4）起动后检查。

（5）行驶检查。

（一）课堂练习

1. 判断题

（1）新车 PDI 检查是一项在新车交付过程中必不可少的程序。（　　）

（2）新车 PDI 检查在新车交付前或者交付后由新车主去检查都可以。（　　）

（3）优质的新车 PDI 检查能很好地提升消费者对车辆和品牌的满意度。（　　）

2. 选择题

（1）以丰田卡罗拉为例，新车 PDI 检查不包括下列哪项内容（　　）。

　　A. 发动机机舱检查　　　　　　B. 轮胎检查

　　C. 空气滤清器检查

（2）新车 PDI 路试检查包括以下哪些内容（　　）。

　　A. 仪表　　　　B. 噪声和振动　　C. 自动门锁　　D. 以上三项都是

（二）技能评价

表 3-1　技能评价表

序号	内　　容	分值	得分
1	能正确参考汽车主要技术标准进行新车检查	10	
2	能正确检查汽车发动机舱	10	

续 表

序号	内　容	分值	得分
3	能正确检查发动机机油液位	10	
4	能正确检查发动机冷却液液位	10	
5	能正确检查助力转向液液位	10	
6	能正确检查制动液液位	10	
7	能正确检查车辆外部	10	
8	能正确检查车辆信息中心数据	10	
9	能正确进行车辆起动后检查	10	
10	能正确进行车辆行驶检查	10	
	总分	100	

（注：操作规范即得分，操作错误或未进行操作即0分）

项目四　车辆 5 000 km 维护

项目导入

汽车在使用的过程中,需要按照保养手册进行定期维护。正确的定期维护有助于确保汽车最佳性能、更高的可靠性和更长的寿命。卡罗拉的定期维护以 5 000 km 或 6 个月为维护周期。

本任务以 5 000 km 维护介绍汽车首保检查与维护的项目及维护流程。

新车磨合期的认识

学习目标

素养目标
- 了解安全操作要求,养成安全文明操作的习惯。
- 养成组员之间互相协作的习惯。
- 实施操作结束后,清洁工具,并将工具设备归位,清洁场地。

技能目标
- 正确掌握车辆首保检查各项内容的操作步骤,提升个人的职业素养。

知识目标
- 描述车辆首保检查的目的和主要内容。
- 描述车辆首保检查的注意事项。

学习任务

学习任务 1
◇ 车辆首保检查及维护项目

学习任务 2
◇ 发动机机油及机滤的更换

学习任务 1　车辆首保检查及维护项目

任务目标

任务目标
- ◎ 知道车辆首保的重要意义。
- ◎ 熟知并正确掌握各种车辆首保的主要内容。
- ◎ 熟知并正确掌握车辆首保的注意事项。
- ◎ 通过汽车首保检查的实施,提高个人自身的职业素养。

学习重点
- ◎ 车辆首次保养的清洁、检查任务实施。

知识准备

1. 车辆首次保养的重要性及注意事项

汽车的首次保养也叫磨合保养、走合保养。汽车的首次保养根据车型的不同走合保养的公里数从 3 000 km 到 5 000 km 不等,而在这个里程以内的 1 500 km 是谨慎期,是磨合保养中的重中之重。在谨慎期内,首先,需要注意的是车辆的载荷量不要过高。其次,在道路的选择上,尽量在顺畅的公路上行驶车辆,让车辆的运转处于流畅的状态。再次,在车辆磨合期,车辆车速不宜过快,让发动机变速器、四轮机械系统以及轮胎相互之间的运作达到最佳效果。

当车辆在谨慎期与磨合期之间的时期,建议更换一次高质量的机油,对发动机是非常有好处的。

2. 车辆首保的基本要求

一般情况下,汽车行驶 3 000～5 000 km 之间是最适合做汽车首次保养。首保主要是看零配件之间的磨合情况,补充或更换机油,检查蓄电池使用状态、胎压等。

3. 常见车型首次保养的主要内容

由于车辆使用环境及机油不同,汽车的维护和保养周期一般按照行驶里程和使用周期而定。

车型	首保里程	首保项目
2007款卡罗拉（1.8 L L4）	5 000 km	发动机机油 机油滤清器
2013款科鲁兹（1.8 L L4）	3 000 km	发动机机油 机油滤清器
2014款帕萨特（1.8T 涡轮增压 L4）	5 000 km	发动机机油 机油滤清器
2014款福克斯（1.8 L L4）	5 000 km	发动机机油 机油滤清器

4. 2007款卡罗拉(1.6AT)保养项目

保养项目\里程	发动机机油	机油滤清器	空气滤清器	燃油滤清器	全部火花塞	发动机冷却液	变速器油(AT)	整车制动液	空调滤清器	前制动器	后制动器
5 000 km	●	●									
10 000 km	●	●									
15 000 km	●	●									
20 000 km	●	●	●								
25 000 km	●	●									
30 000 km	●	●								●	
35 000 km	●	●								视检查结果而定	视检查结果而定
40 000 km	●	●	●			●	●	●			
45 000 km	●	●									
50 000 km	●	●									
55 000 km	●	●									
60 000 km	●	●	●						●		
65 000 km	●	●									
70 000 km	●	●									
75 000 km	●	●									
80 000 km	●	●	●	●	●	●	●	●			

此后每隔5 000 km保养一次，保养项目视检查结果而定。

备注：首保：5 000 km；二保：10 000 km；维护间隔：5 000 km；●更换检查

任务实施

（一）实施方案

1. 质量要求

参照厂家的质量标准要求。

2. 组织方式

每四位同学一组，检查与维护卡罗拉车的机油、机滤、油液、底盘、电气系统、制动性能及汽车渗漏情况，按照企业岗位操作规范进行作业。每组作业时间为___20___min。

3. 作业准备

（1）技术要求与标准：

① 严格按照企业维护要求对汽车的各部件进行检查与维护；

② 根据不同车型正确选择油液；

③ 严格按照企业维护要求对汽车底盘进行检查与维护；

④ 严格按照企业维护要求对汽车电气系统和各连接管路或部件进行检查维护。

（2）设备器材（图4-1～图4-4）。

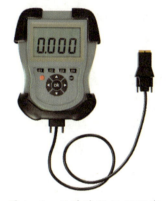

图4-1 故障诊断仪KT600

图4-2 万用表

图4-3 常用工具（一套）

图4-4 手电筒

(3) 场地设施：汽车维护的 6S 实训场地。
(4) 设备设施：2007 款卡罗拉(1.6AT)轿车一辆。
(5) 耗材：干净抹布。

（二）操作步骤

1. 清洁汽车

(1) 清洗车身表面，如图 4-5 所示。

图 4-5　清洗车身表面

(2) 检查汽车各部位的连接情况（图 4-6）。
① 汽车外漏的螺栓、螺母必须紧固稳妥。
② 检查下述区域的螺栓和螺母是否松动：
- 座椅安全带（各门位置）
- 座椅（各门位置）
- 门（各门位置）
- 发动机机舱盖（前面）
- 行李箱门（后面）

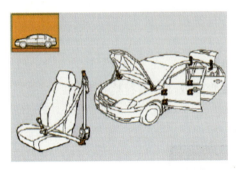

图 4-6　检查汽车各部件的连接情况

2. 检查油液（图 4-7）

(1) 添加燃油。
(2) 检查和加注机油。
(3) 检查和加注冷却液。

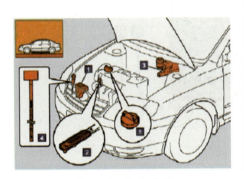

图 4-7　检查油液

3. 检查底盘状况（图 4-8）

(1) 检查变速器。
(2) 检查转向机构。
(3) 检查轮胎气压。

图 4-8　检查底盘状况

4. 检查电气系统(图4-9)

(1) 检查电气设备、灯光与仪表。
(2) 检查蓄电池。

图4-9 检查电气系统

5. 检查制动性能(图4-10)

(1) 路试检查制动踏板工作状况。
(2) 路试检查制动器工作状况。

6. 检查汽车渗漏

(1) 起动发动机,充分暖机。
(2) 检查各连接管路或部件是否有漏油、漏水、漏气、漏电的现象。

1 检查在松开驻车制动器时是否有接合发抖。
2 根据施加在踏板上的力检查制动器功能和两侧是否都没有拉力。
3 检查制动器是否有尖叫声。
4 检查制动踏板是否有足够的行程余量。
5 检查类似振动或踏板松软的异常现象。

图4-10 检查制动性能

任务小结

1. 车辆首次保养的重要性

汽车的首次保养根据车型的不同走合保养的里程从3 000 km到5 000 km不等,合理的首次保养对车辆的未来帮助非常大。

2. 车辆首保的基本要求

一般情况下,汽车行驶3 000~5 000 km之间是最适合做汽车首次保养。首保主要是看零配件之间的磨合。

3. 各车型首次保养的主要内容

本任务中,分别列举了卡罗拉、科鲁兹、帕萨特、福克斯等车型保养里程、保养项目等,从中可以看出发动机机油及机滤的更换是车辆首保的主要内容。

4. 2007款卡罗拉(1.6AT)保养项目

根据行驶里程5 000~80 000 km,本任务列举了2007款卡罗拉(1.6AT)每隔5 000 km保养一次的各项不同保养项目。

 **任务评价**

（一）课堂练习

1. 判断题

（1）根据车型的不同，汽车的首次保养一般规定为 5 000 km。（　　）

（2）高质量的发动机机油，对汽车发动机的运转和寿命都很有帮助。（　　）

（3）以丰田卡罗拉为例，汽车的首保项目主要有发动机机油及机滤。（　　）

2. 单选题

（1）下列哪款车型的首保行驶里程不是 5 000 km（　　）。

　　A. 卡罗拉　　　　B. 科鲁兹　　　　C. 福克斯　　　　D. 帕萨特

（2）以下不属于车辆的静态损耗为（　　）。

　　A. 远光灯　　　　B. 蓄电池　　　　C. 胎压　　　　　D. 没有特殊规定

（二）技能评价

表 4-1　技能评价表

序号	内　　容	分值	得分
1	检查汽车各部位的连接情况	10	
2	检查油液	20	
3	检查检查底盘状况	20	
4	检查电气系统	20	
5	检查制动性能	20	
6	检查汽车渗漏	10	
	总分	100	

（注：操作规范即得分，操作错误或未进行操作即 0 分）

项目四　车辆5 000 km维护

学习任务 2　发动机机油及机滤的更换

任务目标

任务目标
◎ 掌握车辆5 000 km维护的项目及要求。
◎ 正确并熟练更换发动机机油及机油滤清器。
◎ 描述更换发动机机油及机油滤清器的注意要点。

学习重点
◎ 发动机机油及机滤的更换。

知识准备

1. 发动机机油

发动机润滑是保证车辆正常运转、减小运转阻力、降低温度、减少磨损的重要手段。

（1）更换发动机机油重要性。

发动机机油使用后会变质，或者即使没有使用也会变质。由于发动机机油去除了发动机中的污垢和油污，它会变脏，然后变黑。如果不更换发动机机油，发动机的使用性能会下降，情况严重的会使发动机磨损甚至需要大修，如图4-11所示。

矿物机油与全合成机油的认识

图4-11　更换发动机机油的重要性

（2）发动机机油作用。

润滑功能、清洁功能、密封功能、防锈功能和冷却功能。

（3）发动机机油消耗原因。

发动机机油在正常情况下也会一点点地被消耗掉，润滑过程中有一小部分机油会随燃油燃烧，如图4-12所示。

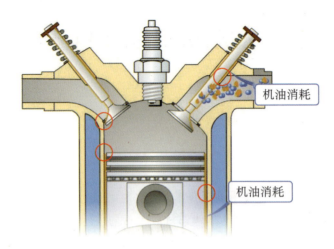

图 4-12 发动机机油消耗

（4）更换间隔期。

一般很难从视觉上去判断机油的消耗情况，请依据行驶距离或时间更换机油。更换间隔期随车型、使用状况而不同，我国实行的是 5 000 km 或 6 个月。

（5）发动机机油类型。

发动机机油的分类，有 SAE 等级（根据黏度）（图 4-13），也有 API 等级（根据品质性能）（图 4-14）。请参考用户手册，了解适用机油并正确选用。

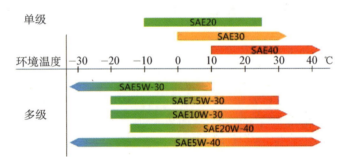

图 4-13 发动机机油分类 SAE 等级

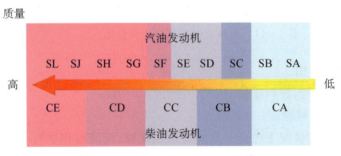

图 4-14 发动机机油分类 API 等级

2. 发动机机油滤清器

发动机机油滤清器是清除机油中的炭、油污和金属颗粒的部件。如果机油滤清器没有按时更换而出现滤清器阻塞,机油就不能流过滤清器。如果机油滤清器阻塞,机油滤清器上的释放阀就会开启,将脏的机油直接送入发动机,保证发动机不会出现干摩擦、冷却不足等对发动机造成损坏的情况出现,如图 4-15 所示。

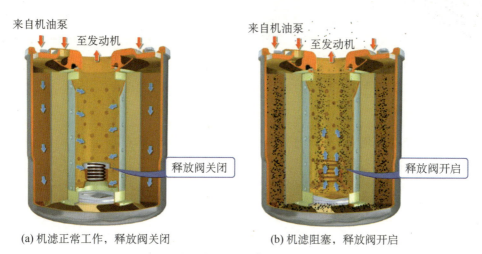

(a) 机滤正常工作,释放阀关闭　　　　(b) 机滤阻塞,释放阀开启

图 4-15　发动机机油滤清器对发动机的影响

发动机机油滤清器与发动机机油同时更换。

(一) 实施方案

1. 质量要求

参照厂家的质量标准要求。

2. 组织方式

每六位同学一组,对 2007 款卡罗拉(1.6AT)进行首次保养检查与维护,按照企业岗位操作规范进行作业。每组作业时间为　30　min。

3. 作业准备

(1) 技术要求与标准:
① 选用符合生产厂家要求的机油和机滤。
② 根据不同车型加注不同数量的机油。
③ 释放机油前必须检测是否漏油。
④ 安装机滤时应在密封圈上涂抹机油。
(2) 设备器材(图 4-16～图 4-18)

图 4-16 常用工具(一套)

图 4-17 SST 09228-06501 机油滤清器扳手

图 4-18 扳手

(3) 场地设施：6S 汽车维护车间。
(4) 设备设施：2007 款卡罗拉(1.6AT)轿车一辆、举升机。
(5) 耗材：干净抹布、机油滤清器、发动机机油等。

(二) 操作步骤

1. 举升车辆

(1) 举升前确认发动机机油加注口盖拧开，确认支撑垫块与车辆支承位置对好，车辆中心对正无偏斜、车辆无负重、车辆四周无人员。

(2) 按下举升机按钮，将车辆举升至较高位置，并确认锁止可靠。

2. 检查、排放发动机机油及更换机油滤清器

(1) 检查发动机机油是否有泄漏。

① 使用干净的抹布擦拭发动机各部位的配合表面，检查是否漏油。

② 使用干净的布擦拭油封，检查是否漏油。

③ 使用干净的布擦拭机油排放塞，检查是否漏油。

(2) 排放发动机机油。

① 将机油收集桶推到发动机油底壳放油螺塞正下方。

② 按照维修手册规定，选用 15 mm 套筒、棘轮扳手，将放油螺塞拧松，如图 4-19 所示。

图 4-19 拧松放油螺塞

③ 拧松后，用手压紧放油螺塞，缓慢将放油螺塞旋到螺纹口处，再迅速拿出来，开始排放机油，如图4-20所示。

图 4-20　操作放油螺塞

④ 机油排放完后，检查放油螺塞有无裂纹、磨损等。

⑤ 更换放油螺塞衬垫。

⑥ 拧紧放油螺塞，如图4-21所示。

图 4-21　检查并更换放油螺塞

（3）更换机油滤清器。

第一步，拆卸机油滤清器。

把机油收集桶移到机油滤清器正下方，选用机油滤清器专用工具配合棘轮及加长杆拧松机油滤清器，松动后取下专用工具及棘轮扳手，然后用手将机油滤清器旋出来，放置在专用的环保桶里，如图4-22所示。

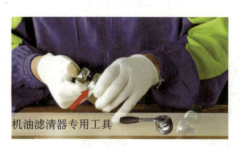

图 4-22　拆卸机油滤清器

更换机油滤清器

◇ 拆卸机油滤清器时，必须佩戴防护手套。

◇ 操作时注意机油不要流到手上，以免烫伤手。

第二步，安装机油滤清器。

① 检查并清洁机油滤清器底座，用干净的布清洁机油滤清器底座上的油污，如图4-23所示。

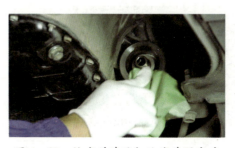

图 4-23　检查并清洁机油滤清器底座

图 4-24 涂抹干净的发动机机油

② 取来同一型号新的机油滤清器,并在新机油滤清器的衬垫上涂抹一层干净的发动机机油,如图 4-24 所示。

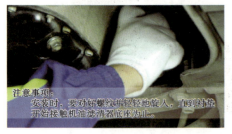

图 4-25 安装新的机油滤清器

③ 将新的机油滤清器安装到机油滤清器底座上,如图 4-25 所示。

图 4-26 紧固机油滤清器

④ 选用机油滤清器专用工具,配合扭力扳手及加长杆,以 18 N·m 的力矩紧固机油滤清器,如图 4-26 所示。

◇ 紧固机油滤清器时,如果没有足够的空间使用扭力扳手,则可用棘轮配合套筒将机油滤清器紧固 3/4 圈。

图 4-27 清洁滤清器安装位置处

⑤ 选用干净的布清洁机油滤清器安装位置处油污,如图 4-27 所示。

(4)机油收集桶归位。

3. 最后检查

再次进行试车检查,确认发动机机油量添加是否适量,发动机运转是否正常。

1. 发动机机油

发动机润滑是保证车辆正常运转、减小运转阻力、降低温度、减小磨损的重要手段。

（1）更换发动机机油重要性。

（2）发动机机油作用：润滑功能、清洁功能、密封功能、防锈功能和冷却功能。

（3）发动机机油消耗原因。

（4）更换间隔期：更换间隔期随车型、使用状况而不同，我国实行的是 5 000 km 或 6 个月。

（5）发动机机油类型：发动机机油的分类，既有 API 等级（根据品质性能），也有 SAE 等级（根据黏度）。

2. 发动机机油滤清器

发动机机油滤清器是清除机油中的炭、油污和金属颗粒的部件。更换间隔期随车型、使用状况而不同，我国实行的是 5 000 km 或 6 个月。

3. 发动机机油及机滤的更换

（1）排放发动机机油。

（2）拆卸机油滤清器。

（3）安装机油滤清器。

（4）加注机油，检查机油是否泄漏。

（一）课堂练习

1. 判断题

（1）汽车的首次保养根据车型保养的里程从 3 000 km 到 5 000 km 不等。（   ）

（2）在汽车首次保养时，更换的机油必须是高质量的。（   ）

2. 单选题

（1）以 2007 款丰田卡罗拉为例，首次保养的里程为：（   ）。

    A. 1 500 km   B. 3 000 km   C. 10 000 km   D. 5 000 km

（2）以 2007 款丰田卡罗拉为例，首保的主要项目为发动机机油和（   ）。

    A. 机油滤清器   B. 冷却液   C. 空气滤清器   D. 燃油滤清器

（3）以下项目，（   ）在车辆首保中可视检查结果而定是否需要保养。

    A. 发动机机油   B. 机油滤清器   C. 前后制动器

（二）技能评价

表 4-2 技能评价表

序号	内　　容	分值	得分
1	能正确排放发动机机油	20	
2	能正确拆卸机油滤清器	20	
3	能正确安装机油滤清器并检查	20	
4	能正确加注机油	20	
5	能正确检查机油是否泄漏	20	
	总分	100	

（注：操作规范即得分，操作错误或未进行操作即 0 分）

项目五 车辆 40 000 km 维护

项目导入

汽车使用过程中,为了确保驾驶的安全性和经济性,需要按照保养手册进行车辆日常和定期维护。正确的车辆维护保养,能保证汽车运行的可靠性,并能保持汽车最佳的使用性能,同时能提高汽车的使用寿命。卡罗拉车辆首次维护保养是在约 5 000 km,以后约每 5 000 km 保养一次,并需要约 40 000 km 时进行全面保养。

本项目以 40 000 km 维护介绍汽车定期维护的流程,其他里程的维护内容可参照 40 000 km 维护流程及定期维护主要作业内容自行制定。

学习目标

素养目标
- 了解安全操作要求,养成安全文明操作的习惯。
- 养成组员之间互相协作的习惯。
- 实施操作结束后,清洁工具,并将工具设备归位,清洁场地。

技能目标
- 掌握 40 000 km 维护流程及定期维护主要作业内容操作步骤,并能制定其他里程的保养流程。

知识目标
- 能描述 40 000 km 维护的主要检查内容。

学习任务

学习任务 1
◇ 车辆常规检查及维护项目

学习任务 2
◇ 发动机冷却液的更换

学习任务 3
◇ 自动变速器油(AlF)的更换

学习任务 4
◇ 整车制动液的更换

学习任务 1　车辆的常规检查及维护项目

任务目标

任务目标
◎ 能正确描述常规检查的主要内容及步骤。
◎ 按照保养手册，完成常规检查的内容。
◎ 在常规检查中对车辆出现需要补充、润滑、清洁的情况，能根据实际情况进行适当的维护作业。
◎ 在常规检查的过程中，能够规范操作，并注意操作安全。

学习重点
◎ 车辆常规检查的内容及步骤。
◎ 常规检查的具体实施。

知识准备

1. 车辆常规检查的意义

车辆常规检查的目的是保证车辆各部分的清洁和润滑，各总成、部件的正常工作，尤其是要掌握车辆安全部件的技术状况，保证其工作可靠性。常规检查中的各环节对汽车的正常使用起着至关重要的作用。

2. 车辆常规检查的周期

汽车日常使用中，可依据行驶距离、时间以及车辆行驶的状态来判断实施检查的适当时间。建议可以在长距离行驶前、洗车时，或行驶中发现有异常的噪声、气味、状况后进行。

3. 车辆常规检查的基本内容

车辆常规检查能保障汽车运行的可靠性，其常规检查的内容见下面表格。

4. 车辆常规检查注意事项

（1）进行汽车的常规检查，需具备丰富的汽车构造和装置方面的基础知识。

（2）在车辆常规检查前，认真阅读保养手册或用户手册，对于保养手册中的注意事项、措施、建议等内容，请务必遵守。

（3）检查的准备和场地要求。

① 车辆停止在不阻碍行人或交通的场地进行检查；如果不得不在类似车库这样的封闭

环境中运行发动机,确认有适当的通风条件排出尾气。

检查后状态良好:√ 检查后需调整/维修:×			检查后状态良好:√ 检查后需调整/维修:×		
1. 发动机舱检查			后部灯光检查		
☐		发动机舱盖正常开启	左	右	检查小灯点亮
☐		制动液液位	☐	☐	检查雾灯点亮
☐		发动机机油油位	☐	☐	检查转向灯及危险警告灯点亮
☐		冷却液液位	☐	☐	检查制动灯点亮
☐		清洗液液面	☐	☐	检查倒车灯点亮
☐		蓄电池电解液量或指示器颜色	仪表指示灯		
☐		蓄电池端子松动、腐蚀情况	☐		起动车辆,检查仪表指示灯
☐		发动机盖支撑杆固定情况	起动后检查		
2. 车辆外围检查			☐		转向盘松动情况
左	右	前部	☐		检查驻车制动器的操作
☐	☐	轮胎气压(目测)	☐		检查喷水器喷射位置
☐	☐	轮胎表面损伤、鼓包	☐		检查刮水器各挡位及刮拭效果
☐	☐	轮胎花纹深度(目测)	☐		制动踏板踩下状态
☐	☐	车灯总成安装情况	☐		喇叭工作情况
☐	☐	车灯总成损坏	发动机暖机后		
左	右	后部	☐		发动机运转平稳
☐	☐	轮胎气压(目测)	☐		发动机有无异响
☐	☐	轮胎表面损伤、鼓包	4. 行驶检查		
☐	☐	轮胎花纹深度(目测)	☐		制动效果
☐	☐	车灯总成安装情况	☐		发动机加速状态
☐	☐	车灯总成损坏			
3. 驾驶室位置检查					
左	右	前部灯光检查			
☐	☐	检查小灯点亮			
☐	☐	检查近光灯点亮			
☐	☐	检查远光灯点亮			
☐	☐	检查雾灯点亮			
☐	☐	检查转向灯及危险警告灯点亮			
☐	☐	检查转向灯及危险警告灯点亮			

② 路面平坦。

③ 使用驻车制动，保证车辆不会滑动。

④ 抬起汽车时，使用合适的千斤顶，并按照保养手册规范进行。

（4）如果您不得不在发动机运转的情况下检查，注意不要让您的手、衣服、头发和工具接触转动的风扇、传动带等运转零件。

（5）发动机温度可能很高，建议使用保护手套，不要被发动机散热器、机体等部件烫伤。

（一）实施方案

1. 质量要求

参照厂家的质量标准要求。

2. 组织方式

每六位同学一组，为 2007 款卡罗拉（1.6AT）车辆进行常规检查，按照企业岗位操作规范进行作业。每组作业时间为 __20__ min。

3. 作业准备

（1）技术要求与标准：

① 能严格按照维修手册进行车辆常规检查；

② 能正确识别和掌握车辆各信号灯提示信息；

③ 能认真执行车辆各项常规检查。

（2）设备器材：电筒、胎压表、钢直尺等，如图 5-1～图 5-3 所示。

图 5-1 电筒

图 5-2 胎压表

图 5-3 钢直尺

（3）场地设施：车辆常规检查实训场地。

（4）设备设施：2007 款卡罗拉（1.6AT）。

汽车轮胎保养检查的认识

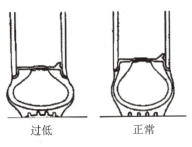

过低　　　正常

过高

图5-4　轮胎与地面接触变形状态

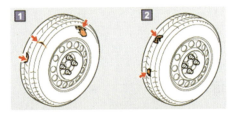

图5-5　轮胎表面裂纹

图5-6　胎侧出现鼓包

图5-7　胎侧磨损标记

(5) 耗材：干净抹布、手套。

（二）操作步骤

1. 车辆轮胎检查

以逆时针的方向，依次检查车辆左前——右前——右后——左后部位的轮胎、车灯安装、损坏情况。

(1) 目测检查轮胎气压。

通过观察轮胎与地面接触部分的变形状态，检查气压是否合适，如图5-4所示。如果需要调整轮胎气压，则需要用轮胎气压表进行检查。

(2) 检查轮胎表面是否有损伤、鼓包。

① 检查轮胎侧面、与地面接触胎面有无明显的伤痕和裂纹，如图5-5所示。

② 检查轮胎侧面是否有鼓包情况发生，如图5-6所示。如果出现以上情况，及时更换轮胎。

(3) 目测轮胎花纹深度，如图5-7所示，检查磨损标记是否已经显现出来，若磨损标记与胎冠表面平齐，则及时更换轮胎。

2. 检查全车油、液

（1）检查制动液液位。

① 观察透明的储液罐，检查制动液液面高度是否在最低刻线（MIN）和最高刻线（MAX）之间，如图 5-8 所示。

② 如果制动液处于最低刻线附近或低于最低刻线，需要及时添加或更换。不要在制动液明显减少的状态下行驶。

图 5-8　制动液液位检查

（2）检查发动机机油油位。

① 发动机机油油位的检查是在发动机起动前或发动机停机至少 5 min 以上时进行。

② 拔出机油尺，用干净抹布擦拭干净，再次将油尺插到头后拔出，检查发动机机油是否在高油位线（F）和低油位线（L）之间，如图 5-9 所示。

③ 如果油位低于最低油位线，则应在发动机中加注同类型的机油。在加注过程中，不要加至最高刻度线以上，因为可能对发动机造成不良影响；不要让异物从加油口进入发动机；不要让机油滴漏，因为高温可能引起机油燃烧，有滴漏，要彻底擦拭干净。

图 5-9　机油油位检查

（3）检查冷却液液位。

检查冷却液是否位于膨胀水箱侧面 F（上限）和 L（下限）之间（图 5-10），若冷却液不足，联系 4S 店检查是否有泄漏。

图 5-10　冷却液液位检查

（4）检查风窗玻璃清洗液液面。

左手拿抹布，用右手拉出液位尺，观察风窗玻璃清洗液位是否在规定的范围内。然后用左手的抹布擦干净液位尺后装回原位置，如图 5-11 所示。

图 5-11　检查风窗玻璃清洗液液面

检查风窗玻璃清洗液

(5) 蓄电池电解液量或指示器颜色。

① 蓄电池外壳为透明壳体。目测电解液液面高度,是否在最小和最大刻度线范围内,如图 5-12 所示。如果不符合规定,加注蒸馏水至最大刻度。

② 免维护蓄电池。可通过电量指示器观察颜色。绿色表示正常,红色表示亏电,需要补充充电,白色表示需更换蓄电池。

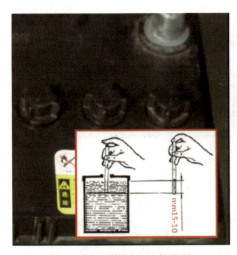

图 5-12　蓄电池电解液量

(6) 检查自动变速器油液。

① 油质检查。检查油质、颜色、气味和杂质,确认 ATF 是否过热变质。Dexron 油染成红色,油质清澈纯净,如颜色变黑、有烧焦味且含有杂质,则予更换,如图 5-13 所示。

图 5-13　检查油质

② 油量检查。运行车辆,使发动机和变速器处于正常的工作温度(70～80℃),然后将车辆停在水平路面上,并拉紧驻车制动杆,同时,发动机怠速运转,将变速杆从 P 位换入各挡位后回到 P 位后,将变速器油尺拉出擦净,再全部插入管内,再次将油尺拉出,检查油位是否在 HOT(热)范围内,在 HOT 范围内则为合适,如图 5-14 所示。

图 5-14　检查油量

③ 外部渗漏检查。检查自动变速器壳体外部是否有渗漏,尤其要检查 ATF 冷却器以及与之相连接的管路接头处,对于渗漏进行修复处理,如图 5-15 所示。

图 5-15　检查外部渗漏

(7) 检查制动液。

① 检查制动管路是否泄漏。

② 检查制动液液位。观察透明的储液罐,检查制动液液面高度在最低刻线和最高刻线之间,如图5-16所示。如果制动液液位低于最低刻线需检查制动管路是否泄漏。若有需要,向储液罐中补充制动液。

图 5-16 检查制动液液位

③ 加注制动液。按照维修手册规定,选用正确型号的制动液,如图 5-17 所示。

图 5-17 加注制动液

(8) 检查动力转向液。

① 检查动力转向液有无渗漏。检查转向器、叶轮泵、液体管路和连接点是否有渗漏。

② 检查动力转向液液位,如图 5-18 所示。关闭发动机,目视检查动力转向储液罐内液面高度是否在上、下刻度线内。

图 5-18 检查动力转向液液位

③ 加注动力转向液。按照维修手册规定,选用正确型号的动力转向液,如图 5-19 所示。

图 5-19 加注动力转向液

注意事项

◇ 请勿使用肥皂水或发动机防冻冷却液来代替清洗液,否则会导致车辆漆面出现"流挂"现象。

◇ 必要时,用水稀释清洗液。

图 5-20 拉起发动机机舱盖释放杆

3. 发动机机舱检查

拉起发动机机舱盖释放杆,如图 5-20 所示,打开发动机机舱盖,检查发动机机舱盖能否正常开启。

图 5-21 测量制动踏板高

4. 检查与调整制动踏板行程

(1) 测量制动踏板高度。

① 翻起地毯。

② 选用钢直尺,沿制动踏板一侧向下移至与地板完全抵靠,读出并记录踏板高度值。

标准高度:124.3～134.3 mm,如图 5-21 所示。

注意事项

◇ 制动踏板高度指制动底板至制动踏板弧顶中心的垂直距离,不包含地毯和其他填充物的厚度。

图 5-22 调整制动踏板高度

(2) 调整制动踏板高度。

① 拔下制动灯开关线束连接器,逆时针转动制动灯开关总成将其拆下。

② 选用 14 mm 呆扳手,松开推杆锁紧螺母。

③ 选用鲤鱼钳,转动推杆以调整制动踏板高度。

④ 选用钢直尺,沿制动踏板一侧向下移至与地板完全抵靠,读出并记录踏板高度值,调整踏板高度到规定范围内。

⑤ 用 14 mm 呆扳手,拧紧推杆锁紧螺母。

⑥ 将制动灯开关总成插入支撑座,直到触及缓冲垫,顺时针转动 1/4 圈锁紧,然后连接线束连接器。

⑦ 选用塞尺检查制动灯开关推杆突出部分与缓冲垫之间的距离是否为 1.5～2.5 mm,否则应重新安装制动灯开关总成,如图 5-22 所示。

(3) 测量制动踏板自由行程。

① 确认点火开关处于关闭位置,多次(三次以上)踩下制动踏板,直至制动助力器内无真空。

② 选用钢直尺,沿制动踏板一侧向下移至与地板完全抵靠,用大拇指按下制动踏板直至感到轻微的阻力,读出并记录此时的高度值。

③ 松开大拇指,记录此时的高度值,两次测量的高度差为制动踏板的自由行程,标准值应为 1.0～6.0 mm,如果不符合标准,则调整制动灯开关推杆的突出部分与缓冲垫之间的间隙,如图 5-23 所示。

图 5-23　测量制动踏板自由行程

检查与调整制动踏板行程

5. 检查内饰地毡

车辆走过一些较差道路(如涉水)或者遇到暴雨、水浸等情况,车主应检查车辆地毡是否潮湿。有的汽车车身上有一些孔是用胶塞密封的,时间一长,由于胶塞的密封性下降,汽车在水浸、涉水等情况下,会有水进入车内,可能会引起车内发霉及产生异味。

6. 检查车辆底盘是否受损

(1) 汽车底盘是否出现锈蚀现象。

底盘由于长期处于一种非常恶劣的工作环境下,其受到的危害以及侵蚀也是最大的。雨天驾驶,底盘直接与雨水接触;雪天驾驶,底盘又直接与冰冷的积雪接触;而山路崎岖,底盘又不得不耐受碎石等恶劣环境。这些特殊的路况,对于底盘的伤害都非常大。因此,及时检查底盘的锈蚀度是有效保护底盘的重要项目之一。

(2) 底盘的检查。

底盘装载了很多重要的车身零部件。排气总成就是底盘检查的重要项目之一,虽然排气总成有一部分位于发动机机舱,但是其大部分都是装载在汽车底盘上的。因此,在进行汽车底盘检查的时候,还要考虑其相关部件的安全性。汽车排气管的检查主要是判断其是否有漏气现象。

7. 车辆外观检查

(1) 检查车灯总成安装情况。

轻摇车灯总成,检查车灯总成是否有松动。

(2) 检查车灯总成是否有损坏。

目视检查车灯总成表面无破损,内部无积水、异物进入。

(3) 检查车灯工作状况。

首先进行前部灯光检查:

① 开启小灯,目视检查其是否可以点亮。

② 开启前照灯近光,目视检查其是否可以点亮,亮度有无不足。

③ 开启远光灯,目视检查其是否可以点亮,亮度有无不足。

④ 开启左右转向指示灯,检查是否闪烁。

⑤ 开启前雾灯,目视检查其是否可以点亮。

其次是后部灯光检查:

① 开启小灯,目视检查尾灯及牌照灯是否可以点亮。

② 开启后雾灯,目视检查其是否可以点亮。

③ 开启左右转向指示灯,检查是否闪烁。

④ 踩下制动踏板,检查制动灯及高位制动灯是否点亮。

⑤ 将变速杆挂入倒挡,目视检查倒车灯是否正常点亮。

(4) 检查仪表报警灯。

将点火开关旋至"ON"挡时,检查所有警告灯是否点亮。起动发动机,检查除安全带指示灯、驻车制动指示灯外,其他警告灯熄灭情况,如图 5-24 所示。

双刻度盘光电显示屏式

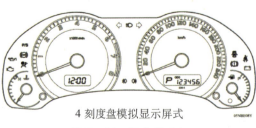

4 刻度盘模拟显示屏式

图 5-24 仪表指示灯

扣上安全带后,检查安全带指示灯熄灭情况。松开驻车制动杆后,驻车制动指示灯应熄灭。发动机正常工作时,仪表中应无红色或黄色指示灯点亮,如果有,及时联系 4S 店排除故障。

(5) 检查喇叭。

在转向盘转动一周的同时按喇叭垫,通过其发声来检查喇叭是否工作正常,音量和音调是否稳定。

(6) 检查车架、车身及各附件。

检查车架、车身和各附件的联接螺栓是否紧固,无裂损,无松动,齐全有效。

1. 车辆常规检查的意义

车辆常规检查的目的是保证车辆各部分的工作可靠性。常规检查中的各环节对汽车的正常使用起着至关重要的作用。

2. 车辆常规检查的周期

日常使用可依据行驶距离、时间以及车辆行驶的状态来判断实施检查的适当时间。

3. 车辆常规检查注意事项

(1) 对车辆进行常规检查,需具备汽车构造和装置方面的基础知识。

(2) 在进行车辆常规检查前,认真阅读保养手册或用户手册。

(3) 检查的准备和场地要求。

(4) 在发动机运转的情况下时,检查车辆时,勿让您的手、衣服、头发和工具接触转动的风扇、传动带等运转零件。

(5) 当发动机温度可能很高时,建议使用保护手套。

4. 车辆常规检查

(1) 检查轮胎。

(2) 检查全车油、液。

(3) 检查发动机机舱内部件。

(4) 检查制动系统。

(5) 检查内饰地毡。

(6) 检查车辆底盘是否受损。

(7) 车辆外观检查。

任务评价

（一）课堂练习

1. 判断题

（1）对车辆进行常规检查，需具备简单的汽车基础知识。（ ）

（2）根据行驶距离、时间以及车辆行驶的状态可以推测对车辆实施检查的适当时间。（ ）

（3）当制动液处于最低刻线附近或低于最低刻线的状态时，依然可以正常驾驶车辆。（ ）

2. 选择题

（1）在发动机运转的情况下检查车辆，要注意手、衣服、头发和工具不要接触以下哪些零件。（ ）

　　A. 风扇　　　　B. 传动带　　　　C. 油缸　　　　D. A 和 B 都是

（2）车辆常规检查，可依据（ ）来确定检查时间。

　　A. 行驶距离　　B. 行驶时间　　　C. 行驶状态　　D. 以上都可以

（二）技能评价

表 5-1　技能评价表

序号	内　　容	分值	得分
1	能正确检查车辆轮胎	10	
2	能正确检查全车油液	10	
3	能正确检查全车水液	10	
4	能正确检查清洗发动机油路	10	
5	能正确检查发动机机舱内部件	10	
6	能正确检查内饰地毯	10	
7	能正确检查车辆底盘是否受损	10	
8	能正确检查车辆车灯总成	10	
9	能正确检查车辆仪表报警等	10	
10	能正确检查车架、车身及各附件	10	
	总分	100	

（注：操作规范即得分，操作错误或未进行操作即 0 分）

学习任务 2　发动机冷却液的更换

任务目标

任务目标
◎ 能正确描述发动机冷却液的作用。
◎ 能正确表述更换发动机冷却液的注意事项。
◎ 能正确更换发动机冷却液。

学习重点
◎ 发动机冷却液更换的任务实施。

知识准备

1. 汽车冷却系统的工作原理

汽车冷却系统，简单来说就是通过其工作，将发动机内多余的热量散发出去，以保证发动机正常工作的系统。

水冷系统能够通过水泵将冷却液输送至发动机内的冷却管道中，将多余的热量带出，再利用散热器进行降温，而当发动机温度不能单纯地通过冷却液降低时，电子风扇会自动介入，辅助发动机进行降温，如图 5-25 所示。

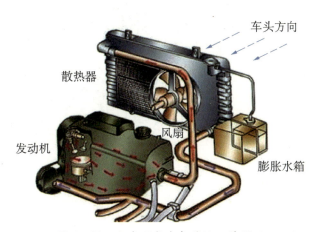

图 5-25　水冷形式冷却系统工作原理

2. 冷却系统的维护

冷却系统使发动机的温度保持恒定。而且,加热的冷却液通过升高空气的温度来调节乘员舱的气温。如果冷却液泄漏,不仅导致发动机过热,而且它损害发动机本身。

散热器盖可使冷却液保持常压,目的是让冷却液的沸点保持在100℃以上。而且,它通过使冷却液和空气之间的温差更大而提高了制冷效能。散热器盖上的压力阀在冷却系统压力升高时会打开,部分冷却液流入膨胀水箱。另一方面,真空阀在低压下会打开,冷却液会被吸出膨胀水箱返回冷却系统,如图5-26所示。

散热器盖检查的重要性:如果它不能正常工作,将导致发动机过热。

散热器盖检查的间隔里程:每40 000 km或2年。

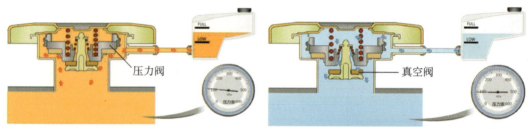

(a) 冷却液温度升高,压力阀打开　　　　　(b) 冷却液温度降低,真空阀打开

图5-26　冷却液对发动机工作的影响

3. 发动机冷却液

冷却液的使用对发动机的影响很重大,如图5-27和图5-28所示。

冷却液的认识

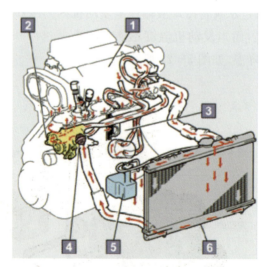

1—气缸盖　2—水泵　3—缸体　4—节温器　5—膨胀水箱　6—散热器

图5-27　冷却液对发动机工作的影响

若未更换冷却液 → 冷却液变质 → 防锈性能下降 → 散热器中沉积铁锈和垢物 → 散热器芯阻塞；散热器管道、软管刺破 → 发动机过热

图 5-28 冷却液对发动机工作的影响

4. 冷却液的功能与类型

冷却液的功能主要是散热。要防止冷却液凝固、防止冷却系统部件生锈、防止过热（沸点比水高）。如果冷却液变质，其内在防锈品质将会降低，散热器和管路等将可能损坏。

发动机冷却液，常见的就是乙二醇-水溶液，这是基础。由于现代汽车工艺的要求，冷却液中添加了很多的添加剂，以保护各式各样的发动机。根据添加剂的不同，冷却液可以分为以下几种类型。

表 5-2 冷却液类型

名称	冷却液		
	OTA	日系冷却液	欧系冷却液
图片	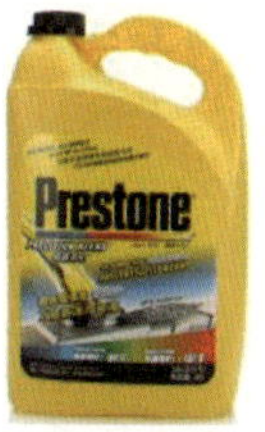		
描述	有机酸冷却液不含硅、胺、硼、磷、亚硝酸盐等对人体或者环境有害的物质，同时有机酸不易消耗和分解，因此可以维持比较长的寿命，OTA 都是长效冷却液，推荐更换周期 5 年或者 25 WKM。国内常见的有大众的 G12（BASF OEM），GM 通用装车冷却液	日本车系用的冷却液比较独特，但它们一般都含磷酸盐，对环境有害。日本车系绝对排斥硅酸盐和亚硝酸盐添加剂。而我们市面上绝大多数劣质冷却液都含亚硝酸盐，正品冷却液都是硅酸盐型，因此日本车不能更换市面上大部分冷却液	欧洲车使用的冷却液，除了 DEX-COOL 类型的有机酸冷却液外，绝大多数是复合型的冷却液。欧洲车冷却液中不含胺、硼、磷、亚硝酸盐，但允许含有较低量的硅酸盐以保护铝合金发动机

5. 更换冷却液的注意事项

（1）冷却液的更换周期。

更换间隔里程为每 40 000 km 或 2 年（卡罗拉车型），请参考维修计划，因为它可能随车型不同而异。

（2）不同冷却液不能混用。

不同牌号的冷却液相互混用容易发生化学反应，引起沉淀、结垢和腐蚀等危害，从而影响发动机的使用寿命。如果确实需要换用其他型号的冷却液，则一定要将原冷却液彻底排放干净,并对冷却系统进行彻底清洗。

 任务实施

(一) 实施方案

1. 质量要求

参照厂家的质量标准要求。

2. 组织方式

每四位同学一组,检查2007款卡罗拉(1.6AT)冷却系统并更换冷却液,按照企业岗位操作规范进行作业。每组作业时间为 40 min。

3. 作业准备

(1) 主要技术参数如图5-29所示。

		TKZY50	TKZY100	TKZY150	TKZY200
冷却液处理量≥1/min		55	110	170	220
冷却液供应量1/min		25 55	100	150	200
排屑(渣)量≥kg/min		1.2	2	2.5	3.2
冷却油输出温度℃			≤35		
净化泵功率/kW		0.55	1.1	1.5	2.2
冷却泵功率/kW		0.55	0.75	1.1	1.5
磁环功率 kW			0.37		
制冷量 kcal/h		3 000	4 000	7 000	11 000
冷却箱尺寸	L mm	1 000	1 150	1 300	1 600
	B mm	800	1 000	1 200	1 400
	H mm	900	900	1 000	1 000
	H1 mm		1 480		
	D mm	Dg3/4″	Dg1″	Dg1 1/2″	Dg2″
过滤精度 μm		5;10;15;20;25			

(注:冷却箱尺寸可根据机床布局而变化)

订货标记:

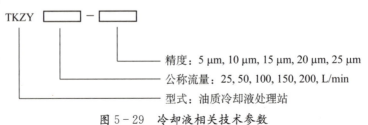

图5-29 冷却液相关技术参数

（2）设备器材：扳手、螺钉旋具组件、手套、冷却系统泄漏检测仪等防护工具，如图 5-30～图 5-33 所示。

图 5-30　冷却系统测试仪

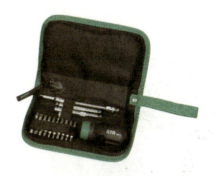

图 5-31　螺钉旋具组件

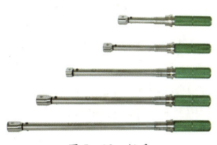

图 5-32　扳手

图 5-33　手套

（3）场地设施：汽车维护安全生产实训场地。

（4）设备设施：2007 款卡罗拉（1.6AT）、冷却液收集装置。

（5）耗材：干净抹布、合格冷却液。

（二）操作步骤

1. 检查冷却液

（1）检查冷却液泄漏。

① 冷却液的减少首先是泄漏造成的，因此需在发动机热车工作状态下检查冷却液的泄漏。

② 拆下带压力阀的加液口盖，把冷却系统测试仪装到加液口处，加压至 108 kPa（1.1 kgf/cm^2），10 s 内压力应不下降。如有下降，应仔细观察何处泄漏。

冷却系统排空气、加压检漏

> **注意事项**
> ◇ 发动机仍然很热时，不要立即拆卸散热器盖，否则冷却液将会溅出。
> ◇ 热车检查冷却系统时，即使点火开关关闭，电动风扇也可能突然转动。热车打开加液口盖时要防止冷却液因压力过高而溢出伤人。

图 5-34 检查冷却液泄漏

③ 使用一个散热器盖测试仪测量散热器盖阀门开启压力，并检查其是否在规定的范围以内。检查橡胶密封垫是否有裂纹或者破损，如图 5-34 所示。

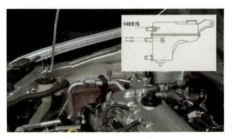

图 5-35 检查膨胀水箱液面

（2）检查膨胀水箱液面。
① 预热发动机后，使其冷却下来。
② 目视检查膨胀水箱内冷却液是否处于最低刻度线和最高刻度线之间。如果液位过低，检查冷却系统管路是否有泄漏，并加注冷却液到"FULL"刻度线，如图 5-35 所示。

> ◇ 不要使用纯水代替发动机冷却液。
> ◇ 不要在发动机还热的情况下，打开冷却液膨胀水箱盖，以防热的冷却液溅出后把人烫伤。

图 5-36 排放冷却液

2. 更换冷却液

（1）排放冷却液。

在发动机下部放好接水盆；打开散热器盖；松开散热器和气缸体的排放塞，放净冷却液，如图 5-36 所示。

(2) 加注冷却液。

① 从散热器加液口加注规定冷却液,直到膨胀水箱中的冷却液液面高度达到规定的"FULL"位置,如图 5-37 所示。

② 此时,盖好散热器盖,让发动机运转到正常工作温度后,停机熄火待冷却到室温。

③ 再观察膨胀水箱液面高度,视情添加,直到发动机怠速运转时,膨胀水箱内没有空气出现为好。

3. 最后检查

再次进行试车检查,确认冷却液的量添加是否适量,整车各部件运转是否正常。

图 5-37 加注冷却液

添加发动机冷却液

任务小结

1. 汽车冷却系统的工作原理

汽车冷却系统,简单来说就是通过其工作,将发动机内多余的热量散发出去,以保证发动机正常工作的系统。

2. 冷却系统的维护

冷却系统使发动机的温度保持恒定。而且,加热的冷却液通过升高空气的温度来调节乘客厢的气温。如果冷却液泄漏,不仅导致过热,而且它损害发动机本身。

3. 冷却液的功能与类型

冷却液的功能主要有防止冷却液凝固、防止冷却系统部件生锈、防止过热(沸点比水高)。

(1) OTA。

(2) 日系冷却液。

(3) 欧系冷却液。

4. 更换冷却液的注意事项

(1) 冷却液的更换周期。更换间隔里程,每 40 000 km 或 2 年(卡罗拉车型),请参考维修计划,因为它可能随车型不同而异。

(2) 不同冷却液不能混用。

任务评价

（一）课堂练习

1. 判断题

（1）汽车发动机在工作过程中，由于发动机会产生大量的热，所以冷却液很重要。（　　）

（2）发动机冷却液，常见的有乙二醇-水溶液。（　　）

2. 选择题

（1）目视检查冷却液时，冷却液液位应在（　　）位置。
　　A. MAX 线　　　　　　B. MIN 线　　　　　　C. FULL 线

（2）发动机冷却液的更换周期为（　　）左右。
　　A. 半年　　　　　　　B. 一年　　　　　　　C. 4 年

（二）技能评价

表 5-3　技能评价表

序号	内　　容	分值	得分
1	能正确检查冷却液是否泄漏	20	
2	能正确观察并判断冷却液的颜色是否变质	20	
3	能正确检查并观察冷却液液位	20	
4	能正确排放发动机冷却液	20	
5	能正确添加发动机冷却液	20	
	总分	100	

（注：操作规范即得分，操作错误或未进行操作即 0 分）

学习任务 3　自动变速器油（ATF）的更换

任务目标
◎ 熟知自动变速器油及其特性。
◎ 知道常见车型选用的自动变速器油型号及加注量。
◎ 能够在规定的时间内熟练更换自动变速器油（ATF）。

学习重点
◎ 自动变速器油（ATF）更换的任务实施。

1. 什么是自动变速器油？

自动变速器油，是专门用于自动变速器的油液。现在使用的自动变速器专用油液既是液力变矩器的传动油，又是行星齿轮结构的润滑油和换挡装置的液压油。自动变速器油一般正常行驶情况每 12 万 km 更换一次，恶劣行驶情况每 6 万 km 更换一次。

2. 自动变速器油（ATF）的特性

（1）黏温特性。

ATF 的使用温度范围一般为 25～170℃。因此，要求较高的黏度指数和较低的倾点。

（2）热氧化安定性。

由于氧化产生油泥、漆膜或产生腐蚀性酸或造成黏度变化，就会引起摩擦特性改变，使离合器或摩擦片打滑，氧化生成的酸腐蚀衬套和止推垫片，甚至有损于塑性密封材料和离合器片表面的状态；黏度变化过大，会使传动操作变坏；油泥会堵塞液压控制系统和排液管路，氧化产物还会使油引起泡沫，造成气蚀等。因此，ATF 的热氧化性能要求十分重要。

（3）密封材料适应性。

ATF 对自动变速器中各部分的密封材料必须互相适应，不应使它们有明显的膨胀、收缩、硬化等不良影响。

（4）摩擦特性。

摩擦特性是 ATF 的一个重要特性，要求 ATF 有相匹配的静摩擦系数和动摩擦系数。

(5) 抗磨性。

抗磨性是防止齿轮、轴套、止推垫圈等部件的磨损。

(6) 剪切安定性。

ATF 在液力变矩器中进行动力传动时,会受到强烈的剪切力,引起油品黏度降低,油压下降,甚至导致离合器打滑。

(7) 抗泡性能。

ATF 在自动变速器狭小的油路里高速循环时很容易起泡,引起油压降低,致使离合器打滑甚至烧结。所以,要求 ATF 有良好的抗泡性能。

3. 自动变速器油(ATF)的基本辨别

(1) 看颜色:正品油呈黑色至黑绿色。

(2) 闻油味:正品油有一股焦糊味。

(3) 看油的流动性:正品油"挂瓶"后,很长时间不净。

(4) 看油的气泡:正品油摇动后,很少见气泡。

(5) 看油的黏度:正品油沾手不易去掉,能拉丝。

如不具备,建议您慎重一些,换假冒伪劣油,对自动变速器的损害严重,得不偿失。

4. 常见车型自动变速器型号与加油标准

表 5-4 常见车型自动变速器型号与加油标准

车辆名称	变速器型号	原厂要求自动变速器油	加注量
2007 款卡罗拉(1.6AT)	U250E	ATF WS	8.0 L
帕萨特 1.8/2.0 领驭 2.0	01N	G 052 162 A2	5.5 L
别克新凯越	AW50-40LN	DEXRON®III(TEXACO ETL-7045E)/JWS-3309	6.9 L
奥迪 A6L 2.0T/2.4	01J	G 052 180 A2	约 7.5 L
奇瑞东方之子	F4A42-2	GENUINE DIAMOND ATF SPIII	7.8 L

(一) 实施方案

1. 质量要求

参照厂家的质量标准要求。

2. 组织方式

每四位同学一组,检查与更换 2007 款卡罗拉(1.6AT)车的自动变速器油,按照企业岗位操作规范进行作业。每组作业时间为__40__min。

3. 作业准备

（1）技术要求与标准：

① 能正确识别并选择符合厂家标准的自动变速器油；

② 按照操作标准正确拆卸与安装自动变速器。

（2）设备器材：通用工具一套、漏斗、防护三件套等（图5-38和图5-39）。

图5-38 常用工具（一套）

图5-39 漏斗

（3）场地设施：汽车维护安全生产实训场地。

（4）设备设施：2007款卡罗拉（1.6AT）、举升机。

（5）耗材：干净抹布、自动变速器新滤油网、变速器油底壳衬垫。

（二）操作步骤

1. 检查与更换自动变速器油

（1）油质检查。

检查油质、颜色、气味和杂质，确认ATF是否过热变质。Dexron油染成红色，如图5-40所示，油质清澈纯净，如颜色变黑、有烧焦味且含有杂质，则予更换。

图5-40 染成红色的Dexron

图 5-41 手指捻磨油液

检查时用手指沾少许油液,用手指捻磨是否有渣粒,如图 5-41 所示,嗅闻油液气味是否有异味,看颜色是否有明显变化,如有则说明发生变质。如变褐色说明 ATF 工作温度过高引起变质;如果变棕色或发黑色,说明自动变速器磨损已相当严重,需要修复;如果颜色发白并丧失透明度,则表明水分混入 ATF 中;若 ATF 颜色清淡有气泡,则表明有气体渗入或油平面太高造成的;若 ATF 有焦糊味道,则是离合器或制动器摩擦片烧蚀所产生的。

(2) 油量检查。

自动变速器中油面的高低对变速器的性能影响很大。若油面过高,旋转机件旋转时,剧烈搅动油液并产生气泡,气泡混入 ATF 内,会降低液压回路的油压,影响控制阀的正常工作。同时,还会引起离合器、制动器打滑,加剧磨损。若油面过低,油泵吸入空气或油液中渗入空气,同样导致产生前述类似的问题。另外油面过低还会使润滑冷却条件变差,加速 ATF 的氧化变质。一般加入自动变速器中的油液数量,应保证在液力变矩器及各操纵油缸充满以后,变速器中油面高度低于行星齿轮等旋转件的最低点、高出阀体与变速器壳体的接合面。

在自动变速器中,ATF 液面的高低与油液的温度和变速器的工作状况有关。温度升高油面也升高,当自动变速器正常运转时,ATF 充注在变矩器和各油缸油道内,液面下降,熄火后,油面会升高。因此油面高度的检查是在规定的条件下进行的。具体检查方法因厂家的规定各不相同,应按维修手册进行。

下面以丰田卡罗拉为例进行说明:运行车辆,使发动机和变速器处于正常的工作温度(70~80℃),然后将车辆停在水平路面上,并拉紧驻车制动杆。同时,发动机怠速运转,将变速杆从 P 位换入各挡位后回到 P 位后,将变速器油尺拉出擦净,再全部插入管内,再次将油尺拉出,检查油位是否在 HOT(热)范围内,在 HOT 范围内则为合适,如图 5-42 所示。

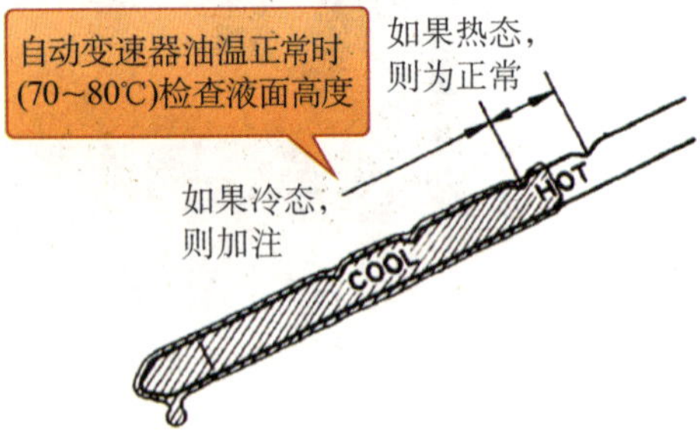

图 5-42 检查变速器油量

(3) 外部渗漏检查。

检查自动变速器壳体外部是否有渗漏、尤其要检查 ATF 冷却器以及与之相连接的管路接头处，对于渗漏进行修复处理，如图 5-43 所示。

(4) ATF 的更换。

自动变速器达到规定行驶里程或放置一年以上必须更换全部油液，同时还应更换 ATF 滤清器。换油时必须使用规定型号的 ATF。具体换油里程、换油方法、用油规格依据厂家维修手册规定进行。

以丰田卡罗拉为例，厂家规定行驶里程 40 000 km 更换 ATF，丰田原厂手册规定加注标号为 ATF WS 油，加注量为 2.9 L。

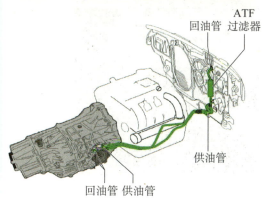

图 5-43 检查自动变速器壳体外部渗漏

① 布置车辆防护护垫、转向盘套、脚垫、变速杆套等保护用品，如图 5-44 所示。

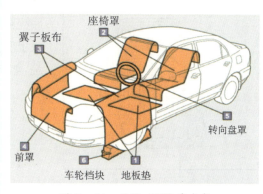

图 5-44 更换 ATF 前准备

② 起动发动机进行预热，至变速器处于正常的工作温度（70～80℃）时，发动机怠速运转，将变速杆从 P 位依次换入 L 位，并在各挡位置停留片刻，然后回到 P 位后熄火，如图 5-45 所示。

图 5-45 起动并预热车辆

图 5-46 排放 ATF

③ 举升车辆,排放 ATF。清洁变速器油底壳放油螺塞附近污物,用扭力扳手松开放油螺塞,将废油机或油盆放到油底壳下回收废油,让 ATF 自动流出,排完为止,如图 5-46 所示。

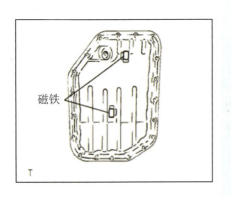

④ 拆卸自动变速器油底壳。选用套筒工具卸下油底壳螺栓,取下油底壳。拆下油底壳 2 个磁铁,清除磁铁上吸附的铁屑,清除油底壳残留污物,再用清洗液清洗,如图 5-47 所示。

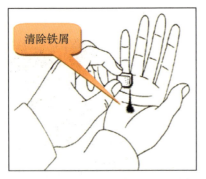

图 5-47 拆卸自动变速器油底壳

⑤ 拆卸滤油网(图5-48)。选用套筒工具旋松固定滤油网的螺栓,取下滤油网,如图5-49所示。

图5-48 拆卸滤油网

图5-49 滤油网

⑥ 安装新滤油网。检查新滤油网的零件号,检查新滤油网和衬垫外观有无损伤,在新的滤油网和衬垫上涂ATF,安装衬垫到滤油网上,然后将滤油网安装到阀体上,安装固定螺栓至规定力矩标准为11 N·m,如图5-50所示。

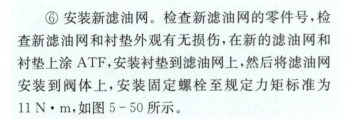

图5-50 安装新滤油网

⑦ 安装油底壳。检查新的油底壳衬垫是否完好,并将新壳衬垫安放到油底壳上,然后安装油底壳,用7.8 N·m规定力矩拧紧油底壳螺栓,如图5-51所示。

图5-51 安装油底壳

⑧ 安装放油螺塞。清洁放油螺塞,更换新的衬垫,用49 N·m规定力矩拧紧放油螺塞,如图5-52所示。

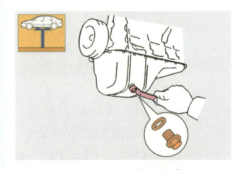

图5-52 安装放油螺塞

图 5-53　加注自动变速器油

检查自动变速器油位

图 5-54　检查 ATF 油面高度

⑨ 降下车辆,加注自动变速器油。清洁加油漏斗,用漏斗在 ATF 标尺管处进行加注,按照丰田原厂手册加注标号为 ATF WS 油,加注量为 2.9 L。加注完成后,检查自动变速器油面高度,冷车时,油面高度应在 COOL 位处,如图 5-53 所示。

⑩ 检查 ATF 油面高度。预热车辆至变速器处于正常的工作温度(70~80℃)时,发动机怠速运转,将变速杆从 P 位依次换入 L 位,并在各挡位置停留片刻,然后回到 P 位后,将变速器油尺拉出擦净,再插入检查油位是否在 HOT(热)范围内,如图 5-54 所示。

2. 最后检查

(1) 再次检查并确认 ATF 加注是否适量与合格。

(2) 检查外部是否泄漏。

(3) 安装汽车底板,仔细检查所有维修部位。

(4) 最后进行试车检查,确认各部件运转是否正常。

1. 自动变速器油

自动变速器油,是专门用于自动变速器的油液。自动变速器油一般正常行驶情况每 12 万 km 更换一次,恶劣行驶情况每 6 万 km 更换一次。

2. 自动变速器油(ATF)的特性

(1) 黏温特性。

(2) 热氧化安定性。

(3) 密封材料适应性。

(4) 摩擦特性。

(5) 抗磨性。

(6) 剪切安定性。

(7) 抗泡性能。

3. 自动变速器油(ATF)的基本辨别

看颜色、闻油味、看油的流动性、看油的气泡、看油的黏度。

4. 检查与更换自动变速器油

(1) 油质检查。

(2) 油量检查。

(3) 外部渗漏检查。

(4) ATF 的更换。

（一）课堂练习

1. 判断题

(1) 自动变速器油的使用温度范围一般为 75～170℃。(　　)

(2) 正品的自动变速器油呈黑色至黑绿色。(　　)

2. 选择题

(1) 在恶劣行驶情况,自动变速器油(　　)更换一次。

　　A. 每 6 万 km　　　　　B. 每 1 万 km　　　　　C. 每 12 万 km

(2) 以下不属于 ATF 特性的是(　　)。

　　A. 摩擦特性　　　　　B. 氧化性　　　　　　　C. 抗磨性

（二）技能评价

表 5-5　技能评价表

序号	内　　容	分值	得分
1	能正确检查自动变速器油的油质	20	
2	能正确检查自动变速器油的油量	20	
3	能正确检查自动变速器壳体外部是否有渗漏	20	
4	能正确对于自动变速器的渗漏进行修复处理	20	
5	能正确更换 ATF	20	
	总分	100	

(注：操作规范即得分,操作错误或未进行操作即 0 分)

学习任务 4　整车制动液的更换

　任务目标

任务目标
◎ 能描述整车制动液的功用。
◎ 掌握并能简单描述制动液的类型与特点。
◎ 能够在规定的时间内熟练检查与更换整车制动液。

学习重点
◎ 整车制动液的检查与更换任务实施。

　知识准备

1. 制动液功用

制动液是汽车液压制动系统中传递制动压力的液态介质,又称刹车油,是制动系统不可缺少的部分。制动液的功用主要有三种:传递动力、润滑与防锈。

传递动力功用:制动液是传递动力的介质,在受到压力时,迅速、均匀地将压力传递到系统各部分,如图 5-55 所示。

制动液维护认识

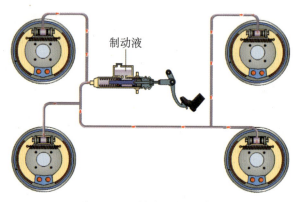

图 5-55　制动液传递动力

润滑功用:制动液能对液压系统的运动件起到很好的润滑作用,如图 5-56 所示。

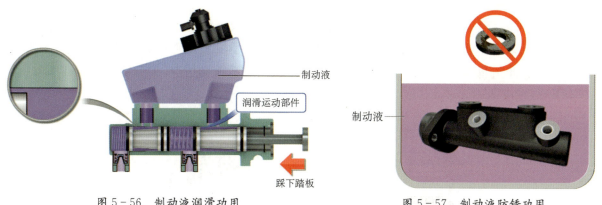

图 5-56 制动液润滑功用　　　　图 5-57 制动液防锈功用

防锈功用：制动液可防止与之接触的金属（铸铁、铜、铝或钢）件腐蚀生锈，如图 5-57 所示。

2. 制动液类型

制动液有三种类型：合成制动液、矿物制动液、植物制动液，如图 5-58 所示。

合成制动液由醚、醇、酯等掺入润滑、抗氧化等添加剂制成，合成制动液的特点是：工作温度范围较宽，润滑性好，低温流动性好，对橡胶和金属腐蚀作用小。

矿物制动液用精制的轻柴油馏分加入稠化剂和其他添加剂制成，矿物制动液的特点是：润滑性较好，低温流动性较好，但对橡胶零部件有溶解作用。

植物制动液由精制的蓖麻油和低碳醇（乙醇或丁醇）调配而成，是无色或浅黄色清澈透明的液体，植物制动液的特点是：沸点低，低温时性质不稳定。

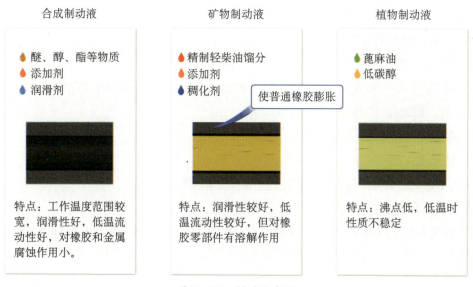

图 5-58 制动液类型

3. 检查制动液

制动液是汽车制动系统至关重要的安全用品，制动液不足或使用陈旧的制动液很容易导致制动系统在紧急制动的情况下失效，因此运用有效手段来检测制动液质量以及更换制动液工作非常重要。制动液不足警告灯用于指示制动液液面情况，如果制动液液位低于 MIN 线或液面过低时，该灯点亮，如图 5-59 所示。

图 5-59 制动液不足

（一）实施方案

1. 质量要求

参照厂家的质量标准要求。

2. 组织方式

每四位同学一组，检查与更换 2007 款卡罗拉（1.6AT）整车制动液，按照企业岗位操作规范进行作业。每组作业时间为 40 min。

3. 作业准备

（1）技术与标准：

① 汽车进入工位前，将工位清理干净，准备好相关的器材；

② 拉紧驻车制动杆，并将变速杆置于空挡位置。

（2）设备器材：负压机一个；手动真空泵（图 5-60）；引流管一根；扳手（图 5-61）。

（3）场地设施：汽车维护安全生产车间实训场。

（4）设备设施：2007 款卡罗拉（1.6AT）。

（5）耗材：干净抹布、优质制动液。

项目五　车辆 40 000 km 维护　119

图 5-60　手动真空泵

图 5-61　扳手

（二）操作步骤

1. 检查制动液液位

（1）拆卸中间前围板上通风栅板，如图 5-62 所示。

图 5-62　拆卸通风栅板

（2）检查制动液液位。

检查制动液储液罐内的液位是否在高位（MAX）和低位（MIN）之间，如图 5-63 所示。

若制动液液位低于 MIN 线，则需检查制动液是否泄漏或制动器衬块是否磨损。

图 5-63　检查制动液液位

2. 更换制动液

（1）排放制动液。

① 打开制动储液罐加液口盖，取出过滤网，如图 5-64 所示。

图 5-64　取出过滤网

图 5-65 抽净制动液

② 连接手动真空泵,将制动储液罐内的制动液抽干净,如图 5-65 所示。

 注意事项

◇ 如有制动液滴落要及时清洁,如制动液沾到手上要及时清洗。

加注制动液

图 5-66 检查制动液牌号

(2) 加注制动液。

① 检查新的制动液的牌号是否正确,正确牌号为 SAE J1703 或 FMVSS No. 116 DOT 3,如图 5-66 所示。

图 5-67 加注制动液

② 安装过滤网,并将制动液加注到储液罐中,直到制动液位到 MAX 处,如图 5-67 所示。

(3) 盖上储液罐加注口盖。

图 5-68 拆卸车轮

(4) 拆卸车轮(图 5-68)。

(5)排放制动液。

① 清洁放气螺栓周围油污并取下放气螺栓帽,如图5-69所示。

图5-69　取下放气螺栓帽

② 选用梅花扳手放入到放气螺栓处,并将手动真空泵连接到放气螺栓,如图5-70所示。

图5-70　连接手动真空泵

③ 拧松放气螺栓,用手动真空泵抽取制动液直至新制动液流出。

④ 使用工具拧紧放气螺栓,并取下手动真空泵连接管,如图5-71所示。

图5-71　取下手动真空泵连接管

注意事项

◇ 在排放旧的制动液时要注意观察制动储液罐的制动液液面,不足时要及时添加。

3. 制动系统排放空气

(1)检查变速杆是否处于P位,驻车制动杆是否拉紧。起动发动机保持怠速运行状态。

(2)制动系统排放空气。

① 将梅花扳手放至轮缸放气螺栓处,然后将塑料管一端放置放气螺栓上,一端放至制动液回收容器中。

② 踩制动器踏板数次,然后踩住制动踏板,如图5-72所示。

图5-72　踩住制动踏板

图 5-73 旋松放气螺栓

③ 旋松放气螺栓并观察制动液的流出情况，如图 5-73 所示。

④ 按上述步骤操作数次直至制动液中无气泡。

⑤ 旋紧放气螺栓，并松开制动踏板。

⑥ 清洁放气螺栓周围并选用套筒、扭力扳手紧固放气螺栓。

⑦ 检查制动储液罐的液位，必要时添加制动液。

注意事项

◇ 在通过放气螺栓排放制动液的时候，已踩下的制动踏板不可放松，待放气螺栓拧紧后，方可释放制动踏板。

4. 再次检查制动液

（1）再次检查制动液液位。检查制动储液罐的制动液液位是否在 MAX 和 MIN 之间，必要时进行调整。

（2）安装中间前围板上通风栅板。

（3）检查外部是否泄漏。

5. 最后检查

最后进行试车检查，仔细检查所有维修部位，确认各部件运转是否正常。

1. 制动液功用

制动液的功用主要有三种：传递动力、润滑与防锈。

2. 整车制动液的类型

（1）合成制动液。

（2）矿物制动液。

（3）植物制动液。

3. 制动液标准

矿物制动液标准。

4. 检查制动液

制动液是汽车制动系统至关重要的安全用品，制动液不足或使用陈旧的制动液很容易导致制动系统在紧急制动的情况下失效，因此运用有效手段来检测制动液质量以及更换制动液工作非常重要。

（一）课堂练习

1. 判断题

（1）制动液是汽车液压制动系统中传递制动压力的固态介质。（　　）

（2）如果制动液液位低于 MIN 线或液面过低时，制动液不足警告灯会被点亮。（　　）

2. 选择题

（1）合成制动液的特点有（　　）。
　　A. 工作温度恒定　　　　B. 腐蚀性小　　　　C. 润滑性好

（2）以下哪项不属于整车制动液的功用（　　）。
　　A. 润滑　　　　　　　　B. 防锈　　　　　　C. 制动

（3）矿物油型制动液的外观是（　　）。
　　A. 红色混浊液体　　　　B. 红色透明液体　　C. 无色透明液体

（二）技能评价

表 5-6　技能评价表

序号	内　　容	分值	得分
1	能正确检查与更换整车制动液	20	
2	能正确描述检查与更换整车制动液的注意事项	20	
3	能正确排放整车制动液	20	
4	能正确添加整车制动液	20	
5	能正确描述排放与添加整车制动液的注意事项	20	
	总分	100	

（注：操作正确即得分，操作错误或未进行操作即 0 分）

项目六 其他定期维护

项目导入

随着汽车科技的快速发展,汽车的故障率越来越低,汽车定期保养已成了汽车维修与使用的头等大事。按照行驶里程进行定期保养,能保证车辆保持最佳的工作状态,以保证使用安全。

本项目主要是通过对空气滤芯、火花塞、燃油滤清器和前后制动块的工作状况进行检查与更换,认知汽车其他定期维护。

学习目标

素养目标
- 了解安全操作要求,养成安全文明操作的习惯。
- 养成组员之间互相协作的习惯。
- 实施操作结束后,清洁工具,并将工具设备归位,清洁场地。

技能目标
- 能正确更换空调滤芯与空气滤芯、火花塞、燃油滤清器和盘式制动器。
- 能正确执行车辆其他定期维护的操作规范。

知识目标
- 描述空调滤芯与空气滤芯、火花塞的工作原理。
- 描述燃油滤清器和盘式制动器的工作原理。

学习任务

学习任务 1
◇ 空调滤芯/空气滤芯的更换

学习任务 2
◇ 火花塞的更换

学习任务 3
◇ 燃油滤清器的更换

学习任务 4
◇ 制动片的检查及更换

学习任务 1　空调滤芯/空气滤芯的更换

任务目标

任务目标
◎ 正确掌握空气滤芯的含义及工作原理。
◎ 正确掌握空气滤芯的类型及其使用周期。
◎ 能在 20 min 内完成空气滤清器的拆卸与安装工作。

学习重点
◎ 空调滤芯、空气滤芯更换的任务实施。

知识准备

1. 什么是空气滤芯？

空气滤清器是对空气进行净化的装置，空气滤芯是空气滤清器的核心部件，它的作用是在尽可能降低进气阻力的前提下滤除空气中的灰尘、砂粒以及各种杂质，让洁净的空气进入气缸，保护发动机不受损害，另外也有降低进气噪声的作用。

2. 空气滤清器的类型

按照滤清原理，空气滤清器可分为过滤式、离心式、油浴式、复合式几种。发动机中常用的空气滤清器主要有惯性油浴式空气滤清器、纸质干式空气滤清器、聚氨酯滤芯空气滤清器等几种。

惯性油浴式空气滤清器先后经过惯性式滤清、油浴式滤清、过滤式滤清三级滤清，后两种空气滤清器主要通过滤芯过滤式滤清，如图 6-1 所示。

纸质干式空气滤清器的滤芯采用经过树脂处理的微孔滤纸制成，滤纸多孔、疏松、折叠，有一定的机械强度和抗水性，具有滤清效率高、结构简单、重量轻、成本低、保养方便等优点，是目前应用最广泛的汽车用空气滤清器，如图 6-2 所示。

聚氨酯滤芯空气滤清器的滤芯采用柔软、多孔、海绵状的聚氨酯制成，吸附能力强，这种空气滤清器具有纸质干式空气滤清器的优点，但机械强度低，在轿车发动机中使用较为广

图 6-1　惯性油浴式空气滤清器

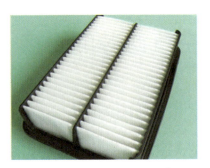
图 6-2 纸质干式空气滤清器

图 6-3 聚氨酯滤芯空气滤清器

泛,如图 6-3 所示。

3. 空气滤芯的使用周期

一般根据使用的原材料的不同,滤芯的使用寿命也是不同的,但是随着使用时间的延长,空气中的杂质会堵塞滤芯,所以一般来说,空气滤芯的使用周期见下表。

表 6-1 空气滤芯的使用周期

空气滤芯	使 用 周 期
PP 滤芯	三个月更换
活性炭滤芯	六个月更换
纤维滤芯	由于不能清洗,一般都放置在 PP 棉和活性炭的后端使用,不易造成堵塞
陶瓷滤芯	9～12 个月更换

（一）实施方案

1. 质量要求

参照厂家的质量标准要求。

2. 组织方式

每四位同学一组,检查与维修 2007 款卡罗拉(1.6AT)车上的空气滤清器,按照企业岗位操作规范进行作业。每组作业时间为 __20__ min。

3. 作业准备

（1）技术要求与标准;

① 选用符合生产厂家要求的空滤;

② 根据不同车型要求检查与更换发动机空滤。

③ 根据不同车型的更换间隔时间更换发动机空滤。

(2) 设备器材见图6-4~图6-7。

图6-4　10 mm套筒

图6-5　接杆

图6-6　棘轮扳手

图6-7　吹气枪

(3) 场地设施：汽车维修与保养实训场地。

(4) 设备设施：2007款卡罗拉(1.8 L L4)轿车一辆。

(5) 耗材：干净抹布、空气滤芯、空调滤芯。

(二) 操作步骤

1. 更换空调滤芯

(1) 空调滤芯安装在前排乘员杂物箱的后部，所以更换空调滤芯首先要打开杂物箱盖，如图6-8所示。

图6-8　空调滤芯的位置

更换空调滤清器

(2) 找到杂物箱右侧的固定卡扣，并用力向外侧拔出，如图6-9所示。

图6-9　打开杂物箱的固定卡扣

图 6-10 取下并拿掉固定卡扣

(3) 取下并拿掉杂物箱盖的固定卡扣,使之脱离,如图 6-10 所示。

图 6-11 取下杂物箱

(4) 双手将杂物箱两边向中间挤压,取下杂物箱,如图 6-11 所示。

图 6-12 取下空调滤芯盖板

(5) 拿下杂物箱,看到空调滤芯盖板,然后用力按压盖板两侧的固定卡扣,取下盖板,如图 6-12 所示。

图 6-13 更换新的空调滤芯

(6) 向外侧抽出旧的空调滤芯,然后,更换新的空调滤芯,如图 6-13 所示。

图 6-14 分离空气质量流量计连接器

2. 拆卸空气滤清器

(1) 依次提起发动机盖罩的前后两端,取下发动机盖罩。

(2) 按下空气质量流量计连接器锁舌,分离空气质量流量计连接器,如图 6-14 所示。

◇ 若锁止装置无法解除,则尝试边按压锁舌边向内推移,直至锁止装置完全解除方可拔下连接器。

◇ 禁止以拉拔线束端的方式断开连接器。

(3) 依次松开空气滤清器盖两个固定卡箍,如图6-15所示。

(4) 将卡箍移出阻挡位置,将2号通风软管向外拔出,并将其移至适当位置。

(5) 根据维修手册,选用10 mm套筒、接杆、棘轮扳手,正确使用工具松开进气软管与节气门体固定箍带螺栓。

(6) 分离进气软管与节气门体的连接,然后取下空气滤清器盖。

(7) 取下空气滤清器滤芯。

图6-15 松开空气滤清器盖卡箍

3. 清洁空气滤清器

(1) 选用干净棉纱擦拭滤清器盖,然后选用吹气枪吹净滤清器盖,如图6-16所示。

图6-16 清洁空气滤清器盖

(2) 选用干净棉纱擦拭下壳体内壁,并使用吹气枪吹净下壳体内壁,如图6-17所示。

图6-17 清洁壳体内壁

图 6-18　清洁滤芯

(3) 使用吹气枪，朝着滤芯工作室空气流出方向吹拂滤芯，将滤芯上吸附的沙尘吹净，如图 6-18 所示。

注意事项

◇ 使用吹气枪吹拂滤芯时，不要面对人或车辆进行操作。
◇ 若空气滤清器滤芯已经达到使用里程或过脏、损坏等，则需更换新的空气滤清器滤芯。

图 6-19　检查空气滤清器

4. 安装空气滤清器

(1) 检查空气滤清器下壳体上的两个卡扣是否有变形或脱落，如有，应及时更换。

(2) 检查进气软管是否有破损或老化，若进气软管有破损，应修复或更换，如图 6-19 所示。

图 6-20　安装空气滤清器滤芯

(3) 安装空气滤清器滤芯，安装时，将有标识的一面朝上放置，如图 6-20 所示。

图 6-21　扣合空气滤清器与下壳体

(4) 将空气滤清器盖与下壳体对正扣合，如图 6-21 所示。

(5) 将进气软管与节气门位置对好并连接,确保连接到位,如图 6-22 所示。

图 6-22　连接进气软管与节气门位置

(6) 根据维修手册,选用 10 mm 套筒、接杆、棘轮扳手,正确使用工具拧紧进气软管与节气门体固定箍带螺栓,如图 6-23 所示。

图 6-23　拧紧固定箍带螺栓

(7) 连接 2 号通风软管,将卡箍安装到正确的阻挡位置。

(8) 把卡箍的浮动端搭在滤清器盖的凹槽内,依次按下卡箍,确保卡紧空气滤清器盖,如图 6-24 所示。

(9) 插接空气质量流量计连接器,确保连接器锁止可靠。

(10) 双手握住发动机盖罩并对准安装位置,对角依次按下盖罩前后端,确保安装可靠。

图 6-24　正确安装卡箍

注意事项

◇ 卡紧卡箍时要确保滤清器盖与下壳体对正扣合。

◇ 卡紧卡箍前要检查卡箍的浮动端一定要落入对应的凹槽内,才能保证卡箍卡紧。

5. 最后检查

(1) 再次检查并确认空调滤芯与空气滤芯安装是否到位。

(2) 仔细检查所有维修部位。

(3) 最后进行试车检查,确认各部件运转是否正常。

1. 空气滤芯

空气滤清器是对空气进行净化的装置,它主要是防止空气中的灰尘、砂粒以及各种杂质,直接进入到发动机气缸内,保证发动机不受损害。

2. 空气滤清器的类型

按照滤清原理,空气滤清器可分为过滤式、离心式、油浴式、复合式几种。发动机中常用的空气滤清器主要有惯性油浴式空气滤清器、纸质干式空气滤清器、聚氨酯滤芯空气滤清器等几种。

3. 空气滤芯的使用周期

一般来说,PP 滤芯,三个月更换;活性炭滤芯,六个月更换;纤维滤芯,由于不能清洗,一般都放置在 PP 棉和活性炭的后端使用,不易造成堵塞;陶瓷滤芯,9~12 个月。

(一) 课堂练习

1. 判断题

(1) 空气滤清器的主要作用是防止空气中的灰尘、砂粒以及各种杂质进入到发动机气缸内,保证发动机不受损害。(　　)

(2) 发动机中常用的空气滤清器主要有过滤式、离心式、油浴式、复合式四种。(　　)

(3) 一般来说,陶瓷滤芯更换周期为 9~12 个月。(　　)

2. 选择题

(1) 以下不属于纸质干式空气滤清器的优点的是(　　)。

　　A. 滤清效率高

　　B. 成本高

　　C. 结构简单

　　D. 保养方便

(2) PP 滤芯的使用周期为(　　)。

　　A. 三个月

　　B. 一年

　　C. 六个月

　　D. 九个月

（二）技能评价

表 6-2　技能评价表

序号	内　　容	分值	得分
1	能根据车型选用正确的空气滤芯	25	
2	能正确拆卸空气滤清器	25	
3	能正确安装空气滤清器	25	
4	能正确清洁空气滤清器	25	
	总分	100	

（注：操作规范即得分，操作错误或未进行操作即 0 分）

学习任务 2　火花塞的更换

任务目标

任务目标
◎ 用自己的语言描述火花塞的功用。
◎ 完整地罗列出五种火花塞常见故障。
◎ 在 25 min 内顺利完成对火花塞的检查与更换。

学习重点
◎ 火花塞的检查与更换的任务实施。

知识准备

1. 火花塞结构

火花塞的功用：将点火线圈产生的脉冲高电压引入燃烧室，并在其两电极之间产生电火花，以点燃可燃混合气，如图 6-25 所示。

火花塞连接在点火线圈次级绕组末端，它主要由陶瓷绝缘体、接线螺杆、接线螺母、中心电极、侧电极等组成。钢质的火花塞壳体内部固定有陶瓷绝缘体，绝缘体中心孔上部有金属接线螺杆，接线螺杆上端有接线螺母，用来接高压导线；绝缘体下部有中心电极，如图 6-26 所示。

火花塞的保养与维护认识

图 6-25　火花塞

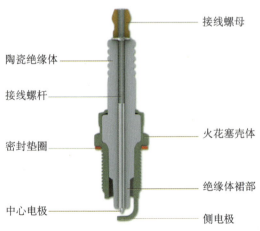
图 6-26　火花塞剖面图

2. 火花塞常见故障

发动机运转过程中，火花塞除了承受较大的电负荷外，还与高温、高压燃气直接接触，且受到燃烧产物的强烈腐蚀。正常情况下，火花塞绝缘体端部呈浅褐（灰）色，表面没有燃油或机油沉积物，说明热值正确且点火正常。因火花塞属于汽车易消耗用品，且受燃油品质、自身工艺质量、工作环境等影响，使用中故障率较高，现列举其常见的几种故障如下。

火花塞的常见故障

◎ 积炭

当火花塞上有松软、乌黑的沉积物时，说明火花塞有积炭。积炭是可以导电的，可能造成火花塞失火，如图6-27所示。

图6-27 火花塞积炭

图6-28 火花塞上有油性沉积物

◎ 机油油污

当火花塞电极和内部出现油性沉积物时，表明机油进入燃烧室内。当出现这一现象时，机油沉积物覆盖火花塞会使火花塞无法通过间隙跳火，而是通过机油从更短的路径跳火到侧电极，如图6-28所示。

◎ 积灰

火花塞中心电极及侧电极表面覆盖有浅褐色沉积物。积灰若出现在火花塞半边，将引起自点火，造成功率损失或损坏发动机，如图6-29所示。

◎ 爆燃

绝缘体顶端破裂时，点火时刻过早，可能导致发动机爆燃燃烧。相同的振动也会损坏其他发动机零部件，如活塞和气门，如图6-30所示。

图6-29 火花塞积灰

图 6-30 爆燃

图 6-31 瓷件大头爬电

◎ 陶瓷绝缘体大头爬电

绝缘体上出现垂直于铁壳方向黑色燃烧痕迹,会导致点火高压沿着瓷体外部接地,从而使发动机失火,如图 6-31 所示。

因此,检修火花塞对于判断发动机运转情况显得尤为必要,其检修内容主要包括:检查电火花、检查火花塞电极、检查火花塞电极间隙(中心电极和侧电极的空气间隙)。

3. 拆卸与安装火花塞的注意事项

(1) 拆卸火花塞注意事项:

① 拆卸火花塞之前,要检查火花塞套筒橡胶是否损坏,如图 6-32 所示。

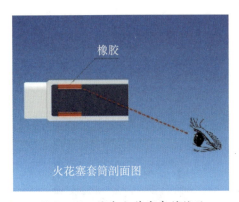
图 6-32 检查火花塞套筒橡胶

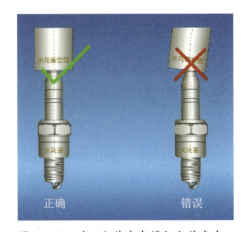
图 6-33 对正火花塞套筒与火花塞中心

② 必须将火花塞套筒与火花塞中心对正,如图 6-33 所示。

③ 取出火花塞时,不能碰到孔壁,防止脱落,如图 6-34 所示。

(2) 安装火花塞注意事项:

① 安装前检查火花塞套筒是否卡紧火花塞,如图 6-35 所示。

项目六 其他定期维护

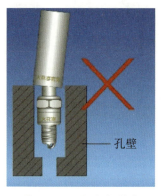 

图 6-34 取出火花塞　　　　图 6-35 卡紧火花塞与其套筒

② 放置火花塞时，不能碰到孔壁，防止脱落，如图 6-36 所示。

 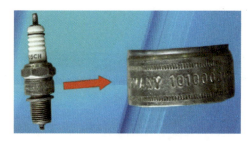

图 6-36 放置火花塞　　　　图 6-37 检查火花塞型号

③ 安装火花塞，注意检查火花塞的型号是否清晰、正确，如图 6-37 所示。

（一）实施方案

1. 质量要求

参照厂家的质量标准要求。

2. 组织方式

每四位同学一组，检修 2007 款卡罗拉(1.6AT)车上的点火线圈和火花塞，按照企业岗位操作规范进行作业。每组作业时间为 __25__ min。

3. 作业准备

（1）技术要求与标准：

检测内容	检查端子	规定状态
点火线圈电压	B26-1(+B)与 B26-4(GND)	9~14 V
	B27-1(+B)与 B27-4(GND)	
	B28-1(+B)与 B28-4(GND)	
	B29-1(+B)与 B29-4(GND)	
火花塞电极间隙	—	1.0~1.1 mm

(2) 设备器材：扭力扳手(图6-38)、塞尺(图6-39)、工具车(图6-40)、零件车(图6-41)等。

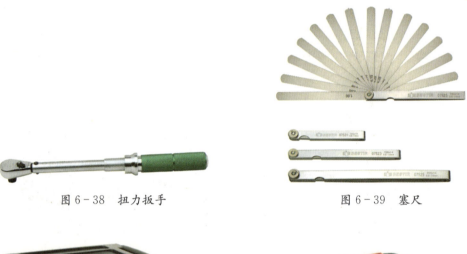

图6-38 扭力扳手　　　　　图6-39 塞尺

图6-40 工具车

图6-41 零件车

(3) 场地设施：有消防设施的场地。
(4) 设备设施：2007款卡罗拉(1.6AT)轿车一辆。
(5) 耗材：干净抹布、泡沫清洗剂等。

（二）操作步骤

1. 拆卸火花塞

（1）拆卸 2 号气缸盖罩。

① 将点火开关置于 LOCK 位置。

② 依次提起发动机盖罩前后两端，取下发动机盖罩。

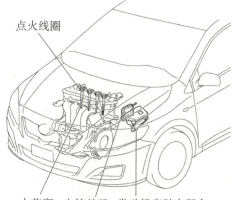

图 6-42　火花塞位置

（2）拆卸点火线圈总成。

① 按下点火线圈线束连接器锁舌，将线束连接器向外拔出，依次断开四个点火线圈线束连接器，如图 6-43 所示。

图 6-43　断开点火线圈线束连接器

② 根据维修手册规定，选用棘轮扳手、10 mm 套筒，依次拧松点火线圈固定螺栓并用手取下，如图 6-44 所示。

图 6-44　拧松点火线圈固定螺栓

◇ 拆下点火线圈时，不要损坏发动机缸盖罩开口上的火花塞盖或火花塞套管顶部边缘。

③ 用手左右旋动点火线圈，并垂直方向拔出点火线圈；然后依次取出 4 个点火线圈，如图 6-45 所示。

图 6-45　取出点火线圈

> **注意事项**
> ◇ 如果点火线圈拔出困难,不要硬拔,左右多次旋动点火线圈,使火花塞与点火线圈套直接松动,然后垂直拔出点火线圈。

(3) 拆卸火花塞。

① 根据维修手册规定,选用火花塞套筒、加长杆、棘轮扳手,正确组合工具。

② 将火花塞套筒与火花塞中心对正,然后拧松,直到火花塞螺纹完全退出后,将工具与火花塞一同取出,如图 6-46 所示。

图 6-46　拆卸火花塞

> **注意事项**
> ◇ 拆卸火花塞之前,要检查火花塞套筒橡胶是否损坏。
> ◇ 火花塞套筒必须与火花塞中心对正。

图 6-47　检查螺纹

2. 目视检查火花塞

(1) 检查螺纹是否完好,如图 6-47 所示。

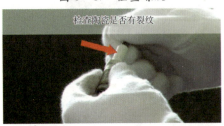

图 6-48　检查陶瓷

(2) 检查陶瓷是否有裂纹,如图 6-48 所示。

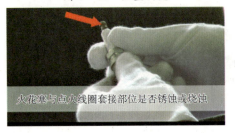

图 6-49　检查火花塞与点火线圈套接部位

(3) 检查火花塞与点火线圈套接部位,如图 6-49 所示。

（4）检查火花塞电极状况，如图6-50所示。

图6-50　检查火花塞电极

① 若火花塞电极颜色不正常，则根据维修手册规定更换里程进行清洁或更换，如图6-51所示。

图6-51　火花塞电极颜色

② 若火花塞烧蚀严重时，必须更换火花塞，如图6-52所示。

3. 检测火花塞

（1）火花测试。

① 断开喷油器连接器。

② 将火花塞安装到各点火线圈上，并连接点火线圈连接器。

图6-52　火花塞烧蚀情况

③ 将火花塞壳体搭铁。

④ 检查发动机起动过程中是否出现火花。

正常状态下，电极间出现火花。

> **注意事项**
> ◇ 不要使发动机起动超过2 s。
> ◇ 操作时戴上橡胶手套，身体其他部位不要接触车身。

（2）检测火花塞电极间隙。

如果间隙过宽，可能会引起缺火；若太窄，可能导致电极过早地被烧蚀。

使用塞尺测量火花塞电极间隙，记录检测数据并与标准数据进行比对，如图6-53所示。

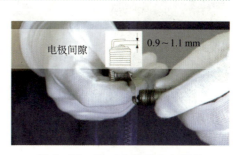

图6-53　检测火花塞电极间隙

检查内容	标准状态
火花塞电极间隙	0.9～1.1 mm

> **注意事项**
> ◇ 如果电极间隙大于标准值,更换火花塞,不要调整电极间隙。

图 6-54 安装火花塞

4. 安装火花塞

(1) 安装火花塞。

① 根据原厂规定或相应的火花塞对应表,确定火花塞型号。

② 根据维修手册,选用并组合火花塞套筒、加长杆、扭力扳手,将火花塞正确插入火花塞套筒。

③ 握住工具,连同火花塞正确放入安装位置,并用手旋入螺纹,直到拧不动为止,如图 6-54 所示。

④ 使用扭力扳手,以 20 N·m 的力矩拧紧火花塞,如图 6-55 所示。

图 6-55 拧紧火花塞

> **注意事项**
> ◇ 在火花塞旋入螺纹时,应对正,并能顺利旋入,如遇阻力过大,应退出重新安装。

图 6-56 清洁火花塞安装孔

(2) 安装点火线圈总成。

① 根据维修手册规定,选用合适工具(吹气枪)。

② 连接吹气枪和压缩空气管路,使用吹气枪吹拂火花塞安装孔,将火花塞安装孔中的污物吹出来,防止拆卸火花塞后,污物掉入气缸中,如图 6-56 所示。

> **注意事项**
> ◇ 使用吹气枪清洁火花塞安装孔时,防止灰尘进入操作人员眼睛。

③ 依次将点火线圈垂直插入安装孔,确保完全插入,与火花塞套接良好,如图 6-57 所示。

图 6-57　安装点火线圈总成

> **注意事项**
> ◇ 点火线圈放入时应先对正火花塞头部套接部位,再对准点火线圈总成螺孔,然后垂直压入点火线圈总成。
> ◇ 压入点火线圈时应感觉到由松到紧,再由紧到松,手完全按下,不能再按下时为止。

④ 依次安装点火线圈固定螺栓。

⑤ 根据维修手册规定选择合适工具(扭力扳手、10 mm 套筒),调整扭力扳手力矩(10 N·m),连接组合工具。

⑥ 使用扭力扳手拧紧点火线圈固定螺栓,如图 6-58 所示。

图 6-58　拧紧点火线圈固定螺栓

⑦ 依次连接点火线圈线束连接器,如图 6-59 所示。

图 6-59　连接点火线圈线束连接器

(3) 安装 2 号气缸盖罩,如图 6-60 所示。

5. 最后检查

(1) 再次检查并确认火花塞的安装是否符合维修标准。

(2) 仔细检查全车所有维修部位。

(3) 最后进行试车检查,确认各部件运转是否正常。

图 6-60　安装 2 号气缸盖罩

1. 火花塞

火花塞的主要功用是将点火线圈产生的脉冲高电压引入发动机气缸,并在火花塞两电极之间产生电火花,以点燃可燃混合气,其常见故障有:积炭、机油油污、积灰和陶瓷绝缘体大头爬电。检测火花塞应按如下步骤进行:

(1) 火花测试。

(2) 检测火花塞电极间隙。

(3) 检测火花塞外观。

(一)课堂练习

1. 判断题

(1) 火花塞连接在点火线圈次级绕组末端。(   )

(2) 火花塞是汽车易损件消耗用品之一,在使用中故障率较高。(   )

2. 选择题

(1) 火花塞主要由陶瓷绝缘体、接线螺杆、接线螺母、中心电极和(   )等组成。

　　A. 密封圈　　　　B. 连接器　　　　C. 塑料壳　　　　D. 侧电极

(2) 火花塞常见故障有积炭、机油油污、(   )和陶瓷绝缘体大头爬电。

　　A. 腐蚀　　　　B. 摩擦受损　　　　C. 积灰　　　　D. 烧焦

(二)技能评价

表 6-3　技能评价表

序号	内　　容	分值	得分
1	拆卸火花塞	25	
2	目视检查火花塞	15	
3	检测火花塞	25	
4	安装火花塞	25	
5	最后检查	10	
	总分	100	

(注:操作规范即得分,操作错误或未进行操作即 0 分)

学习任务 3　燃油滤清器的更换

任务目标
◎ 熟练掌握燃油滤清器的结构和原理。
◎ 能在 20 min 内完成燃油滤清器拆卸与安装工作。

学习重点
◎ 燃油滤清器更换的任务实施。

1. 燃油滤清器结构

燃油滤清器安装在电动燃油泵出口侧的油路中。它主要是由壳体、油塞、滤芯、滤网等组成。滤芯采用菊花形结构,如图 6-61 所示,这种结构的特点是单位体积内过滤面积大。滤清器内经常承受 200～300 kPa 的燃油压力,因此,要求滤清器壳体及油管的耐压强度应在 500 kPa 以上。

燃油滤清器的认识

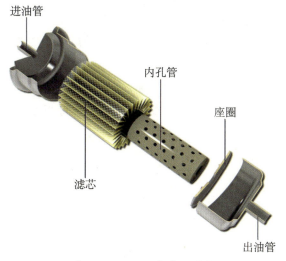

图 6-61　燃油滤清器结构

燃油滤清器的作用是清除燃油中的粉尘、铁锈等固体杂质,防止供油系统阻塞,减少机械磨损,提高发动机工作的可靠性。

2. 燃油滤清器工作原理

燃油滤清器的工作原理如图 6-62 所示,来自油箱内带有杂质的汽油经过燃油滤清器,杂质被吸附在滤纸上,过滤后的纯净汽油则流向发动机。

燃油滤清器外壳上一般标有指示汽油流向的箭头,在安装时箭头应朝向燃油分配管一侧。有些汽车的燃油滤清器的两个管口分别标有"IN"和"OUT",在安装时"IN"管口应与电动燃油泵一侧连接,"OUT"管口应与燃油分配管一侧连接。错误安装后会导致系统油压过低并损坏滤清器和喷油器。

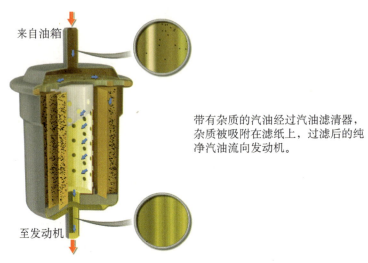

图 6-62 燃油滤清器工作原理

3. 燃油滤清器的维护与保养

燃油滤清器滤芯堵塞后,燃油数量减少,导致车辆故障发生,需要及时更换。汽车燃油滤清器的更换周期一般在 10 000 km 左右,具体最佳更换时机可以参考车辆使用手册上的说明。

燃油滤清器、空气滤清器与机油滤清器同时更换,这也就是我们日常所说的"三滤"。定期更换"三滤"是保养发动机的关键途径,对减少发动机磨损、保证发动机使用寿命有着极其重要的意义。

(一) 实施方案

1. 质量要求

参照厂家的质量标准要求

2. 组织方式

每四位同学一组，检查与更换 2007 款卡罗拉（1.6AT）车上的燃油滤清器，按照企业岗位操作规范进行作业。每组作业时间为＿20＿min。

3. 作业准备

（1）技术要求与标准：

① 拆卸燃油系统中的任意一个部件之前都要对燃油系统进行卸压；

② 拆卸燃油滤清器之前，需用抹布对燃油滤清器及连接管路进行清洁；

③ 安装燃油滤清器之前，注意燃油滤清器的安装方向，不能装反。

（2）设备器材（图 6-63）。

（3）场地设施：带消防设施的场地。

（4）设备设施：2007 款卡罗拉（1.6AT）轿车一辆。

（5）耗材：干净抹布。

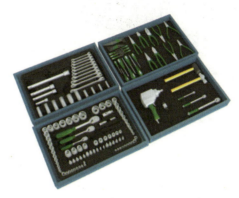

图 6-63 常用工具（一套）

（二）操作步骤

1. 燃油系统卸压

（1）从燃油泵总成上断开连接器。

（2）起动发动机，在发动机自然停止后，将点火开关置于 OFF 位置。

小心：在等待发动机自然停止时，不要提高发动机转速或行驶车辆。

（3）再次起动发动机，确认发动机不起动。

（4）拆下燃油箱盖并释放燃油箱中的压力。

（5）断开燃油管，进行燃油系统卸压。

（6）将燃油泵管中存留的燃油全部排放到容器中。

小心：断开高压燃油管路时，会喷出大量的汽油。

更换燃油滤清器

2. 拆卸燃油滤清器

（1）根据维修手册，选用 10 mm 套筒和棘轮扳手拧松蓄电池负极电缆紧固螺母，取下蓄电池负极电缆，如图 6-64 所示。

图 6-64 断开蓄电池负极电缆

(2)根据举升机操作规范举升车辆。

(3)选用十字槽螺钉旋具,拆卸燃油滤清器卡夹紧固螺钉。

(4)断开燃油滤清器搭铁端子。

(5)使用棉布擦净燃油滤清器进出油管接口处的污物,避免污物进入油管内。

(6)放置液体输给器,按下进油管接头锁环按钮,拔出燃油滤清器进油管。

(7)按下燃油滤清器出油管锁环按钮,拔出燃油滤清器出油管。

(8)从固定卡箍上取下燃油滤清器,如图6-65所示。

图6-65 拆卸燃油滤清器

◇ 对燃油系统进行操作时,严禁吸烟或靠近明火。
◇ 取出燃油滤清器时禁止使用金属物敲击,拆下后,应注意不能与金属混合放置。

3. 安装燃油滤清器

(1)检查新的燃油滤清器外观是否有损伤。

(2)在安装燃油滤清器前,更换新的进出油管连接处的O形圈(更换新的燃油滤清器后一般应更换新的O形密封圈)。

(3)将新燃油滤清器安装到卡箍上。

(4)连接进出油管,并听到"咔"的一声,确保连接可靠。

(5)清洁燃油滤清器进出油管处的油污,并安装搭铁端子。

图6-66 安装燃油滤清器

(6)安装燃油滤清器卡箍紧固螺钉,并降下车辆,如图6-66所示。

(7)根据维修手册,选用10 mm套筒和扭力扳手,连接蓄电池负极接线柱电缆,并使用扭力扳手紧固蓄电池负极电缆紧固螺母至标准力矩,如图6-67所示。

(8)起动发动机,检查是否有燃油泄漏,如果没有,则进行路面试跑,试跑结束后再次举升车辆,检查燃油滤清器的两端接头处是否有燃油泄漏。

图6-67 连接蓄电池负极电缆

◇ 安装燃油滤清器时,燃油滤清器上的箭头标示必须指向出油管。
◇ 燃油滤清器安装到卡箍上后,在两端油管的接头处涂抹一层燃油,再安装燃油管连接器。

4. 最后检查

(1) 再次检查并确认燃油滤清器的安装是否符合维修标准。
(2) 仔细检查全车所有维修部位。
(3) 最后进行试车检查,确认各部件运转是否正常。

1. 燃油滤清器组成

燃油滤清器主要由壳体、油塞、滤芯、滤网等组成。

2. 燃油滤清器作用

燃油滤清器的作用是清除燃油中的粉尘、铁锈等固体杂质,防止供油系统阻塞,减少机械磨损,提高发动机工作的可靠性。

3. 拆卸燃油系统任一部件时,需注意事项

(1) 检查和维修燃油系统前,将电缆从蓄电池负极端子上断开。
(2) 对燃油系统进行操作时,严禁吸烟或靠近明火。
(3) 避免橡胶制零件接触到汽油。

(一) 课堂练习

1. 判断题

(1) 燃油滤清器在发动机中起到过滤机油的作用。(　　)
(2) 燃油滤清器主要由壳体、油塞、滤芯、滤网等组成。(　　)
(3) 拆卸燃油滤清器时,可以直接拆卸,不需要对燃油系统进行卸压。(　　)
(4) 更换燃油滤清器之后,旧O形圈可以继续使用,为了节约材料,不需要更换。(　　)

2. 选择题

(1) 在拆卸燃油滤清器时,拆卸的顺序是:(　　)。
　　A. 先对燃油系统进行卸压　　　　B. 先对燃油管路进行清洁
　　C. 先拆卸燃油滤清器的固定支架　　D. 任意拆卸

（2）拆下任何燃油系统零件之前需要注意：（　　）。
　　A. 先对燃油系统进行卸压　　　　　B. 严禁吸烟或靠近明火
　　C. 避免橡胶制零件接触到汽油。　　D. 以上全是
（3）燃油滤清器在燃油系统中的作用描述错误的是：（　　）。
　　A. 过滤粉尘　　　　　　　　　　　B. 过滤铁锈
　　C. 过滤水分　　　　　　　　　　　D. 过滤固体杂质
（4）对安装燃油滤清器描述正确的是：（　　）。
　　A. 带箭头的一侧指向出油管　　　　B. 带箭头的一侧指向发动机
　　C. 箭头无论指向何方，都没关系　　D. 不确定

（二）技能评价

表6-4　技能评价表

序号	内　　容	分值	得分
1	燃油卸压	20	
2	拆卸燃油滤清器	30	
3	安装燃油滤清器总成	25	
4	检查燃油滤清器有无泄漏并清洁	25	
	总分	100	

（注：操作规范即得分，操作错误或未进行操作即0分）

学习任务 4　制动片的检查及更换

任务目标
◎ 了解制动系统功用、组成、类型。
◎ 掌握钳盘式制动器结构与工作原理。
◎ 能正确选择检测设备对制动盘及制动块进行维护与保养。

学习重点
◎ 制动块的检查与更换的任务实施。

1. 制动系统功用

制动系统的功用是使行驶中的汽车减速甚至停车,使下坡行驶的汽车速度保持稳定,以及使已停驶的汽车保持不动,这些作用统称为汽车制动。

对汽车起到制动作用的是作用在汽车上的、其方向与汽车行驶方向相反的外力,作用在行驶汽车上的滚动阻力、上坡阻力、空气阻力,都能对汽车起制动作用,但这些外力的大小都是随机的、不可控制的。因此,汽车上必须装设一系列专门装置,以便驾驶人能根据道路和交通等情况,使外界(主要是路面)对汽车某些部分(主要是车轮)施加一定的力,对汽车进行一定程度的强制制动。这种可控的对汽车进行制动的外力称为制动力,相应的一系列专门装置即称为制动系统。

2. 制动系统的类型

制动系统按照不同的分类标准,有不同的分类方法,常见的几种分类如下:
(1) 按制动系统的功用分类,主要有行车制动系统、驻车制动系统、辅助制动系统等。
(2) 按制动能量的传输方式分类,主要有机械式、液压式和气压式等。若同时采用两种以上传动方式的制动系统,则称为组合式制动系统。

3. 行车制动系统组成

行车制动系统是由制动器和制动驱动机构组成的。制动器是指产生阻碍车辆运动或运动趋势的力的部件,制动驱动机构包括供能装置、控制装置、传动装置、制动力调节装置以及报警压力保护装置等附加装置,如图 6-68 所示。

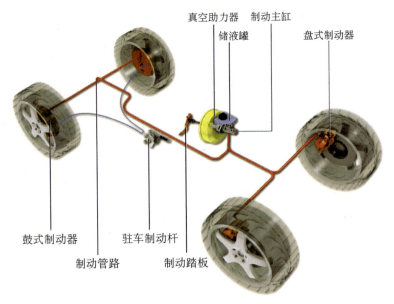

图 6-68 制动系统组成

4. 盘式制动器

目前,各类汽车采用的摩擦制动器可分为鼓式制动器和盘式制动器。

盘式制动器摩擦副中的旋转元件是以端面工作的金属圆盘,此圆盘称为制动盘。其固定元件则有多种结构形式,大体上可分为两类。一类是工作面积不大的摩擦片与其金属背板组成的制动块,每个制动器中有2~4个。这些制动块及其促动装置都装在横跨制动盘两侧的夹钳形支架中,总称为制动钳。这种由制动盘和制动钳组成的制动器,称为钳盘式制动器。另一类固定元件的金属背板和摩擦片也呈圆盘形,但其制动盘的全部工作面可同时与摩擦片接触,故该类制动器称为全盘式制动器。钳盘式制动器又可分为定钳盘式和浮钳盘式两类。

◎ **浮钳盘式制动结构**

浮钳盘式制动器结构如图 6-69 所示,浮钳盘式制动器由制动盘、制动钳支架、制动钳壳

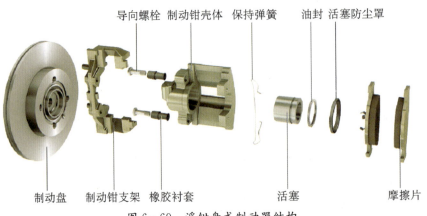

图 6-69 浮钳盘式制动器结构

体、摩擦片、导向螺栓、保持弹簧、油封、活塞防尘罩、橡胶衬套、活塞等组成。

◎ 浮钳盘式制动器原理

浮钳盘式制动器的制动钳一般设计得可以相对制动盘轴向滑动或摆动。它只在制动盘的内侧设置液压缸，外侧的制动块附装在钳体上。滑动钳盘式使用较多，其工作原理如图6-70和图6-71所示，制动钳支架固定在转向节上，制动钳体可沿导向销相对于支架轴向滑

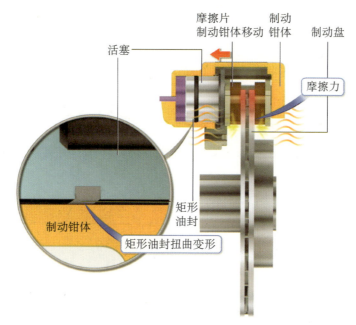

图6-70 浮钳盘式制动器原理——制动

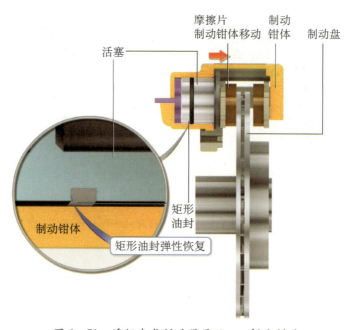

图6-71 浮钳盘式制动器原理——解除制动

动。制动时,活塞在液压力的作用下,将活动制动块(带摩擦片磨损报警装置)推向制动盘,与此同时,作用在制动钳体上的反向液压力推动钳体沿导向销向右移动,使固定在制动钳体上的固定制动块压靠到制动盘上,于是,制动盘两侧的摩擦片在液压力和反向液压力的作用下夹紧制动盘,在制动盘上产生与运动方向相反的制动力矩,促使汽车制动。

(一) 实施方案

1. 质量要求

参照厂家的质量标准要求。

2. 组织方式

每四位同学一组,检查与拆卸、安装 2007 款卡罗拉(1.6AT)车上的前后制动块,按照企业岗位操作规范进行作业。每组作业时间为 __40__ min。

3. 作业准备

(1) 技术要求与标准:

① 安装调整及使用百分表时,防止百分表磕碰造成损坏;

② 打磨时禁止粘油和配戴手套;

③ 转动轮毂轴承进行测量时,避免螺栓撞到百分表;

④ 使用扭力扳手时应严格按照维修手册调整对应力矩。

(2) 设备器材如图 6-72 所示。

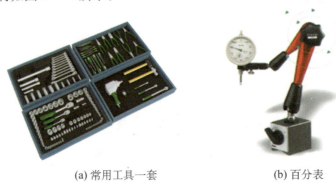

(a) 常用工具一套　　　(b) 百分表

(c) 0~25 mm 千分尺

图 6-72　设备器材

(3)场地设施：6S汽车维护的实训场地。

(4)设备设施：2007款卡罗拉(1.6AT)轿车一辆。

(5)耗材：干净抹布。

(二)操作步骤

1. 检查盘式制动器

(1)检查制动器摩擦片。

通过制动卡钳内的检查孔目测检查内制动器摩擦片的厚度,确保其与外制动器摩擦片没有明显的偏差,如图6-73所示。

按照维修手册规定,选用钢直尺测量左外侧制动摩擦片厚度。

确保制动器摩擦片没有不均匀磨损。标准值为10～12 mm。

如果制动器摩擦片的厚度低于磨损极限,则更换制动器摩擦片。

图6-73 检查盘式制动器

检查盘式制动器

> **注意事项**
>
> 可以通过行驶的距离评估制动器摩擦片的剩余量。根据该次检查和上次检查之间的行驶距离,估计到下一次检查前的行驶距离。通过检查自从上一次检查到现在的制动器摩擦片的磨损,来估计制动器摩擦片在下一次检查时的情况。在下一次计划检查时,如果估计制动器摩擦片的厚度将会小于可接受的磨损值时,建议车主更换制动器摩擦片,如图6-74所示。

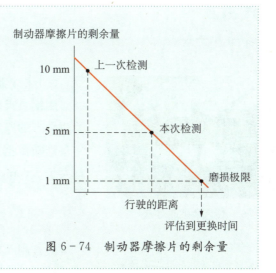

图6-74 制动器摩擦片的剩余量

(2)拆卸制动轮缸总成。

选用17 mm呆扳手、14 mm梅花扳手,正确使用工具将制动轮缸总成与制动卡钳连接的上下两个螺栓旋松,并用手将螺栓旋出,如图6-75所示。

图6-75 旋出螺栓

图 6-76 拆下制动摩擦片

从工具车拿一个 S 形的钩子,将制动轮缸总成挂在螺旋弹簧上。

(3) 拆下制动摩擦片。

双手轻轻向外摇制动摩擦片,将其从制动卡钳上分离,如图 6-76 所示。

图 6-77 打磨制动摩擦片摩擦面

(4) 目视检查制动摩擦片。

检查制动器制动摩擦片有无裂纹、磨损、脱胶,检查两块制动摩擦片的表面是否有磨损不均匀的情况。

在操作平台上放一块细砂布将制动摩擦片摩擦面向下绕"8"字进行打磨,以清洁和去除硬化层为宜,如图 6-77 所示。

◇ 打磨时禁止戴手套。

图 6-78 测量摩擦片厚度

(5) 检查制动摩擦片厚度。

用钢直尺垂直制动块摩擦材料处内外两侧各测量两个点的厚度,并记录数据。

判断数据,若厚度现值小于 1 mm,内外磨损偏差大于 1 mm,则成对更换制动摩擦片,如图 6-78 所示。

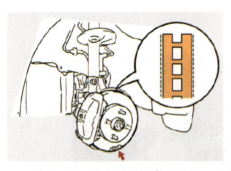

图 6-79 检查制动液有无泄漏

检查制动轮缸有无制动液泄漏,防尘套有无损坏,检查制动软管及接头是否有制动液泄漏,如图 6-79 所示。

(6) 检查制动盘磨损和损坏。

检查制动盘上是否有刻痕、不均匀或者异常磨损以及裂纹和其他损坏。

如果制动盘出现任何分段、不均匀或者异常磨损、裂纹或者其他损坏，拆卸制动卡钳检查下述内容。

① 检查制动盘的厚度。

使用千分尺测量制动盘厚度，如图6-80所示。

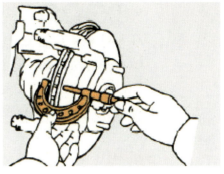

图6-80 测量制动盘厚度

 注意事项

◇ 标准厚度为22.0 mm。

② 检查制动盘轴向圆跳动。

使用百分表测量制动盘轴向圆跳动，如图6-81所示。

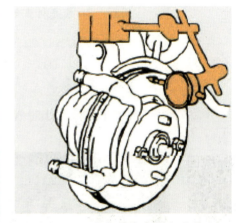

图6-81 检查制动盘轴向圆跳动

 注意事项

◇ 使用轮毂螺母临时固定制动盘。
◇ 测量制动盘轴向圆跳动以前，检查前轮毂轴承的游隙是否在规定的范围以内。

将磁性表座与百分表安装到位，使百分表头恰好接触到制动盘的工作表面，并调整百分表的指针到"0"位。转动制动盘，观察指针的跳动量，以确定制动盘有无磨损或损坏。

检查完毕后，将工具放回原位。

> **注意事项**
> ◇ 制动盘最大轴向圆跳动为 0.05 mm。
> ◇ 如果轴向圆跳动超过最大值,改变车桥轮毂上制动盘的安装位置以减小轴向圆跳动。如果安装位置改变后,径向轴向圆仍超过最大值,则研磨制动盘。如果制动盘厚度小于最小值,更换制动盘。

图 6-82 检查制动液渗漏

（7）检查制动液渗漏。

检查制动卡钳中是否有液体渗漏,如图 6-82 所示。

> **注意事项**
> ◇ 如果制动液溅出或者粘在油漆上,立即用水漂洗。否则,将损坏油漆表面。

安装制动块

图 6-83 安装制动摩擦片

（8）安装制动摩擦片。

将内外两块制动摩擦片磨损指示器朝上安装到制动卡钳支架槽内,如图 6-83 所示。

图 6-84 安装制动轮缸总成

（9）安装制动轮缸总成。

用手拿住制动轮缸总成,另一只手取下 S 形钢丝钩,将制动轮缸总成慢慢放下。用手夹住两边制动片,将制动轮缸总成安装到制动轮缸固定架上,如图 6-84 所示。

拿来两个制动轮缸总成固定螺栓,用手将其旋入。按照维修手册规定,选用 14 mm 套筒、扭力扳手、17 mm 呆扳手,正确使用工具以维修手册规定力矩紧固两个制动卡钳制动轮缸总成固定螺栓,如图 6-85 所示。

图 6-85　紧固制动轮缸总成固定螺栓

2. 最后检查

(1) 再次检查并确认制动片的安装是否符合维修标准。

(2) 仔细检查全车所有维修部位。

(3) 最后进行试车检查,确认各部件运转是否正常。

 任务小结

1. 制动系统功用

制动系统的功用是使行驶中的汽车减速甚至停车,使下坡行驶的汽车速度保持稳定,以及使已停驶的汽车保持不动,这些作用统称为汽车制动。

2. 制动系统的类型

(1) 按制动系统的功用分类,主要有行车制动系统、驻车制动系统、辅助制动系统等。

(2) 按制动能量的传输方式分类,主要有机械式、液压式和气压式等。若同时采用两种以上传动方式的制动系统,则称为组合式制动系统。

3. 行车制动系统组成

行车制动系统是由制动器和制动驱动机构组成的。制动器是指产生阻碍车辆运动或运动趋势的力的部件,制动驱动机构包括供能装置、控制装置、传动装置、制动力调节装置以及报警压力保护装置等附加装置。

 任务评价

(一) 课堂练习

1. 判断题

(1) 与汽车行驶方向相反的外力,作用在行驶汽车上的滚动阻力、上坡阻力、空气阻力,都能对汽车起制动作用。(　　)

(2) 制动器的作用是阻碍车辆运动,其产生的力与汽车行驶方向相同。(　　)

2. 选择题

(1) 按制动系统的功用分类,主要有行车制动系统、(　　)、辅助制动系统等。

　　A. 液压式制动系统　　　B. 气压式制动系统　　　C. 驻车制动系统

(2) 制动驱动机构不包括以下哪项?(　　)

　　A. 行驶装置　　　　　　B. 制动力调节装置　　　C. 报警压力保护装置

(二) 技能评价

表6-5　技能评价表

序号	内　　容	分值	得分
1	能正确检查、拆卸车轮轮轴和轮胎	15	
2	能正确检查制动器摩擦片	10	
3	能正确拆卸制动轮缸总成	15	
4	能正确拆下并目视检查制动摩擦片	15	
5	能正确检查检查制动摩擦片厚度	15	
6	能正确安装制动摩擦片	15	
7	能正确安装制动轮缸总成	15	
总分		100	

(注:操作规范即得分,操作错误或未进行操作即0分)